PROYECCION ASTRAL
para
PRINCIPIANTES

EDITORIAL KIER

Edain McCoy

PROYECCION ASTRAL
para
PRINCIPIANTES

Aprenda las distintas técnicas
para lograr una amplia toma de conciencia
de que hay otros Reinos de Existencia

PRIMERA EDICIÓN

EDITORIAL
kiER
Desde 1907 un sello positivo
para un mundo que merece serlo

Título original en inglés
Astral Projection for Beginners
© 1999 by Edain McCoy
Ediciones en inglés:
First edition, 1999
Llewellyn Publications
a Division of Llewellyn Worldwide, Ltd.
P.O. Box 64383, Dept. K625-4
St. Paul, MN 55164-0383. USA.
Ediciones en castellano:
Editorial Kier S.A., Buenos Aires
Primera edición: 2001
Traducción:
María Cristina Bacino
Diseño de tapa:
Graciela Goldsmidt
Correctora de pruebas:
Prof. Delia Arrizabalaga
Composición tipográfica:
Fotoarte
LIBRO DE EDICIÓN ARGENTINA
ISBN 950-17-3201-0
Queda hecho el depósito que marca la Ley 11.723
© 2001 by Editorial Kier S.A.
Avda. Santa Fe 1260 (C 1059ABT) Buenos Aires)
Tel. (54-11) 4811-0507 - FAX (54-11) 4811-3395
http:www.kier.com.ar • e-mail: info@kier.com.ar
Impreso en la Argentina
Printed in Argentina

Introducción

Bienvenido a un mundo en el cual el tiempo y el espacio no tienen significado ni influencia. Es conocido como el plano astral, un mundo etéreo que a menudo se percibe como un paralelo respecto de nuestro mundo físico y que lo penetra, pero que permanece invisible a los ojos de nuestra conciencia normal.

En concordancia con el viejo y misterioso adagio: "Como es arriba, es abajo; como es adentro, es afuera", el plano astral existe tanto adentro como afuera de nosotros mismos. Este adagio nos recuerda también que tenemos el poder de crear nuestros mundos, lo cual significa que lo que encontramos dentro de nosotros (en el mundo no físico de la mente) se refleja en las condiciones fuera de nosotros (en el mundo físico). Por lo tanto, lo que nos afecta desde el exterior, en algún momento se manifiesta en el interior. Podemos viajar hacia estos mundos o ayudar a crear cualquiera de ellos —interno o externo— mediante la proyección astral.

La proyección astral es el arte de enviar, por voluntad, la conciencia a otros sitios, otros mundos u otros tiempos, para luego traerlos con un total conocimiento de lo que se ha experimentado. Esta conciencia proyectada se conoce algunas veces como *cuerpo astral*. De aquí el término *proyección astral*.

Examinar los diversos sinónimos que poseemos para definir la proyección astral, nos dice mucho acerca de las personas que acuñaron esos términos como así también de aquellos que aún los usan. Los sinónimos incluyen: proyección

5

mental, viaje mental, viaje del alma, travesía de la mente, viajar en la visión del espíritu, viajar en el cuerpo emocional, visón remota, sueños lúcidos y bilocación.

Con estos términos que están en boca de todos, no es de extrañar que exista una discusión entre los practicantes de este arte, acerca de qué es lo que constituye el cuerpo astral. También está en discusión qué parte de parte de nosotros (si hay alguna) es la que se aventura en estos viajes astrales.

Algunos llegan al extremo de decir que es una parte del alma que voluntariamente viaja desde su morada física y que permanece unida al cuerpo receptor por un fino cordón de plata, el cual, si se cortara, causaría la muerte del cuerpo proyector. Estos defensores, a menudo se refieren a la proyección astral como un OBE, sigla de una experiencia extracorpórea.[1]

Otros dicen que es sólo el yo astral el que parte. Definen el yo astral como una capa emocional de nuestro ser no físico, un cuerpo etéreo que nos rodea firmemente como una segunda aura y que actúa como un conductor entre el consciente, el yo superior y el mundo exterior. Estos defensores ven el plano astral como un punto geográfico definido fuera de nosotros mismos.

Incluso otros dicen que sólo el consciente viaja, dando a entender así que una parte de nuestra mente sale del cuerpo para, en realidad, dirigirse profundamente dentro de sí misma. A menudo se refieren al mundo astral como planos internos, y se aceptan a sí mismos como un espejo del macrocosmos: un reflejo de todo el universo.

Gran parte de nuestra confusión acerca de lo que es la proyección astral y la forma en que se supone que debe sentirse, puede ser también culpa de la semántica, ya que a me-

---

[1] OBE: sigla formada por las palabras inglesas *out-of-body* (fuera del cuerpo).

nudo las palabras son insuficientes para describir el fenómeno de proyección. Cuando discutimos la experiencia, nos encontramos repetidamente usando frases como *fuera, fuera del cuerpo, salir, volar*, etc., porque es así la forma como se siente la experiencia. Aun aquellos que sienten que no se va a ningún otro lado sino hacia lo profundo de ellos mismos, no tienen otra alternativa más que usar este tipo de vocabulario, para describir y enseñar el proceso. Ninguna otra palabra es tan adecuada.

Como resultado del lenguaje impreciso, somos conducidos a los errores que tratamos de enmendar. Esto ha hecho que los principiantes se formaran preconceptos equivocados acerca de lo que se define como una proyección astral exitosa. Muchos libros esotéricos, tanto de ficción como de no ficción, describen la proyección astral como algo que en realidad no es. Nadie puede discutir que la proyección astral tiene sus momentos espectaculares, pero a menudo los sentimientos que se crean no son tan impactantes como dicen que deberían ser. Para agravar el problema, cada vez que se proyecta, las sensaciones pueden ser diferentes, ya que depende de la situación astral en la cual usted se encuentre.

La realidad es que casi siempre se conserva una conciencia del cuerpo físico mientras usted se encuentre en la proyección astral, en vez de quedar totalmente divorciado de su yo físico. Demasiadas personas se sienten frustradas y piensan que han fracasado porque no se han perdido en un mundo donde lo físico se olvida totalmente. Aunque esto puede producirse en ocasiones, por lo general usted se halla en un estado expandido de conciencia, donde ambos mundos son igualmente reales. En otras palabras, usted estará por completo consciente, quizás mucho más que en cualquier otro momento de su vida. Podrá acceder a pensamientos, recuerdos e impresiones de todos los niveles de su cerebro, su mente y su yo. Aún más, en un estado proyectado, usted elegirá concentrar el total de su energía mental en los hechos y experiencias de su mundo astral más que en el de su mundo físico.

En el momento en que esté totalmente involucrado en un tiempo determinado o en lugar distante de su cuerpo físico, o se encuentre simultáneamente consciente de su yo físico y de un yo que parezca de algún modo distante del cuerpo, usted se está proyectando astralmente. Un estado intenso de ensoñación es un tipo de proyección astral. Piense en todas esas veces en que se encontró perdido en pensamientos profundos, esos momentos en los cuales el mundo interno se hizo tan real que, por un instante, se olvidó del mundo físico. La posibilidad es que alguien puede haber aparecido a su lado y haber agitado la mano frente a la cara para quebrar el trance, y hasta haber preguntado: "¿Dónde estabas?". Observe nuevamente el uso del lenguaje, referido a "estar fuera de usted mismo". Piense también acerca de alguna vez en la que haya experimentado un intenso dolor físico o emocional. ¿Recuerda haber pasado esos momentos como si no hubiera permanecido totalmente en ese lugar, que de alguna forma estaba distanciado de su cuerpo físico, y que lo veía pasar a través de los movimientos de vida mientras el verdadero yo se hallaba en otro lado? Ambas son experiencias de proyección astral, aunque muchas personas no las reconocen como tales.

Lo que la gente denomina *plano* astral abarca el universo físico y el no físico en su totalidad. Aun los pensamientos coherentes de la humanidad viven en un plano astral, en lo que denominamos *formatos de pensamiento* o proyecciones semisólidas de la conciencia que fueron construidas años tras años, por seres humanos que necesitan esos mundos de ensueño para equilibrar lo que falta en sus mundos físicos. ¿Quién puede decir que uno es más real que otro?

La esencia del plano astral se puede resumir en el viejo y

arcano adagio: "El pensamiento es acción en el plano astral". El simple acto de voluntad o deseo coherente debería llevarlo a cualquier sitio que usted deseara ir, lanzarlo hacia cualquier situación en la que quisiera encontrarse, o convocar prácticamente a cualquier ser existente. Esta es una de las razones por las cuales será importante realizar la experiencia en un estado de relajación y con visión positiva. Los capítulos 3 y 4 hablarán de esto en detalle. Cualquier sentimiento y energía que lleve al plano astral, se magnificarán y serán actuadas, tanto sea por usted como por otros seres con los cuales se pondrá en contacto, y todas las emociones o intenciones negativas repercutirán en usted.

De acuerdo con lo que he aprendido de las preguntas y cartas recibidas durante años, mucha gente se frustra por lo que percibe como esfuerzos fallidos de proyección astral. El punto en común que encuentro detrás de estos lamentos es que la mayoría de los practicantes han realizado un verdadero esfuerzo en su práctica y, en muchísimos casos, han logrado éxito, sin tener conciencia del mismo. Reitero: podemos agradecer a los errores comunes, por conducir equivocadamente a estos valientes viajeros astrales.

La proyección astral no es más difícil de conseguir que cualquier otra destreza que requiera práctica para volverse eficaz. En realidad, lleva mucho menos tiempo que obtener la maestría en muchas otras prácticas. Usted puede apostar con seguridad que, un concertista de piano, practicó durante mucho más tiempo que el que usted invertirá en aprender la proyección astral. El truco está en comprender el proceso, en encontrar el método que mejor funcione para usted, y luego en intentarlo regularmente, hasta obtener éxito.

La proyección astral es más que un simple arte oculto. Es magia. No deje que esta palabra lo atemorice. La magia en su forma más básica es tan sólo transformación, especialmente autotransformación. Cuando busca conocimiento espiritual —algo que encontrará al aprender y usar la proyección astral— usted se sentirá renovado. Este es el arte de hacer magia, y es tan positivo como natural.

Una vez que usted domine el arte de la proyección astral, el universo le pertenecerá para poder explorarlo. Podrá viajar en el tiempo, observar vidas pasadas, explorar otros mundos o planetas, sanar a otros, construir sólidas barreras para la autodefensa psíquica, visitar la morada de los elementales y crear rituales personales que sean más poderosos de los que pueda realizar en el plano físico.

También podrá ver lo que se denomina Registros Akáshicos, compendios de todo el conocimiento acerca del largo camino del alma a través de los ciclos de vida, muerte y renacimiento. Los Registros Akáshicos podrán enseñarle enormemente sobre usted mismo y lo ayudarán a crecer. Los últimos capítulos de este libro se relacionan con estas prácticas y le ofrecen algunas sugerencias acerca de libros, para ayudarlo a continuar expandiendo los límites de su universo ilimitado.

Proyección Astral para Principiantes está pensado para ayudarlo a volar más allá de los confines de su yo físico y mostrarle cómo controlar el proceso, al ofrecerle buenos consejos para su preparación y seguridad, e instrucciones paso a paso, de seis métodos diferentes de proyección, uno de las cuales deberá funcionar para usted.

Ahora, todo lo que se necesita es su deseo y su perseverancia.[2]

---

[2] A lo largo de este libro, la autora utiliza dos términos que son el fundamento de la obra: PROYECCION ASTRAL y VIAJE ASTRAL. Por la lectura, se infiere que todos los viajes astrales implican una proyección astral, aunque no todas las proyecciones astrales llegan a convertirse en un viaje. Aun así, siempre es la PROYECCIÓN ASTRAL el paso previo. En algunos capítulos, la autora los emplea como sinónimos.

Primera Parte

Entendimiento y Preparación

Capítulo 1

Prepararse para la Proyección Astral
Parte 1: Relajación y Meditación

Olvide todo lo que haya leído en las malas novelas de terror y todo lo que haya visto en las películas. No necesita la oscura torre de un castillo envuelta en la niebla y un puntiagudo sombrero de brujo, decorado con infinidad de estrellas abrillantadas, para tener una proyección astral exitosa. Los prerrequisitos son pocos:

1. Un lugar tranquilo y seguro.
2. Elección de posturas que no causen tensión.
3. Capacidad para cambiar su estado de conciencia.

Crear el medio perfecto

Aunque parezca obvio, a menudo se descuida el hecho de que la lista de los preparativos para las proyecciones astrales debería iniciarse con el objetivo de encontrar un sitio tranquilo y privado donde poder practicar. A nadie le gusta la sensación de ser desconcentrado de golpe, de lo que ha sido un estado alterado de conciencia o un estado pacíficamente meditativo, y muchos practicantes simplemente no desean que los demás sepan de su interés por las proyecciones astrales.

En otras palabras, tanto los intrusos como los espectadores no son bienvenidos.

Preocuparse por la posibilidad de una interrupción no conduce a un apropiado relajamiento. Algunas veces, tan sólo saber que alguien conoce exactamente lo que usted está tratando de hacer detrás de la puerta cerrada es motivo suficiente para que no tenga éxito. La censura mental es en cada uno de sus fragmentos tan potente en el mundo astral, como la censura verbal lo es en el físico. Si alguien aprueba lo que usted está haciendo —aun cuando no crea que sea posible— o no, puede construir gruesas paredes mentales que usted deberá atravesar para poder triunfar. Tener los propios bloqueos mentales es suficiente obstáculo para la mayoría de nosotros, sin contar con los de los demás.

Con la excepción de un único compañero confiable de trabajo, no le dé a ninguna otra persona la oportunidad de detenerlo antes de comenzar, sin importar lo tentadora que tal confidencia pudiera ser. Mantenga en privado sus esfuerzos para la proyección astral y, por ahora, en el mayor secreto posible.

La privacidad es difícil de conseguir en muchos hogares, y si este es su caso, deberá ser extremadamente creativo para encontrar su espacio de trabajo y su tiempo de práctica. A menudo —y dependiendo de cuál sea el ciclo de sueño que lo encuentre más alerta— usar la propia cama antes de levantarse o justo antes de dormirse puede ser efectivo en un hogar donde hay mucha gente. Si esto fuera imposible, o si encuentra que no puede trabajar adecuadamente reclinado en la cama, deberá hacer malabares con sus horarios del día, a fin de disponer de algún otro tiempo a solas. O podría elegir trabajar en la casa de un compañero de confianza que lo esté asistiendo en el aprendizaje de la proyección astral o que esté tratando de aprenderla junto con usted.

Tranquilo, por favor

Tener tranquilidad es esencial, cuando usted es un principiante en cualquier práctica que intente alterar el estado de conciencia, el cual incluye la proyección astral. Aquellos con muchos años de experiencia en este arte han desarrollado la capacidad envidiable de poder anular voluntariamente cualquier sonido que provenga del exterior.

Hasta que usted pueda lograr al menos los niveles intermedios de destreza, no hay dudas acerca de que los ruidos lo distraerán y lo sujetarán a lo físico. Quizás piense que vive en un barrio tranquilo, pero la meditación tiene la manera de abrir sus oídos a una nueva realidad. Una vez que usted se acuesta para meditar, va a descubrir cuánto le gusta ladrar al perro del patio que está junto a su casa o con qué claridad se puede escuchar cómo rebota la pelota de básquetbol en la entrada de la cochera del vecino, y se sorprenderá de cuántos autos ruidosos constantemente circulan de un lado a otro de su calle.

Si usted es sensible a los sonidos y encuentra que aun los más leves son distractores, puede mitigar algunas de sus frustraciones recordando que, a medida que mejora la alteración de la conciencia, también mejorará su posibilidad de aislar la evidencia del mundo físico. Años antes de que comenzara a practicar seriamente la proyección astral, conocí a una curandera que podía proyectarse astralmente sin importarle cuánta actividad se desarrollaba a su alrededor.

Las curanderas son parte de la tradición "mejicano-americana" de curanderos y videntes dotados. La que yo conocí, mejor parecía desaparecer mentalmente en medio de una consulta y entonces, cuando todos estaban convencidos de que no prestaba atención, volvía a abrir sus ojos y le comunicaba a su consultante la causa del problema, acerca del cual ella había reunido información astralmente, en tiempos y lugares distantes.

Solía envidiar su talento y me desesperaba por mi lento progreso, ya que cada ruido insignificante parecía separarme lejos de mi meta. Fue entonces cuando aprendí una valiosa lección acerca de comparar mis habilidades con las de los otros. Nunca es una idea feliz tratar de competir con alguien. La mejor forma de tener éxito es trabajar intensamente al propio ritmo.

A fin de poder vencer las distracciones causadas por los sonidos, intente usar los tapones que se venden en cualquier farmacia, o bien ponga como fondo, alguna música suave, sin canto, para poder bloquearlos. Si desea trabajar con música, elija piezas instrumentales que fluyan suavemente. Evite los ritmos fuertes y cualquier música cantada. Los ritmos fuertes y las palabras le dan a su mente consciente algo más, además de la tarea en la que debe centrarse, y esto puede impedir su progreso.

Si usted cuenta con una habitación en el interior de su casa, donde pueda practicar, lejos de puertas y ventanas, lo ayudará a ahogar los ruidos del exterior, pero no desaparecerán los que se producen en la casa. Para la mayoría de los principiantes, la variedad de ruidos dentro de la casa o del edificio mientras se realizan las tareas cotidianas son toda una revelación en el momento en que meditan. El aire acondicionado, el calefactor, la heladera, las bombas de agua y otros artefactos, se apagan y encienden a intervalos durante todo el día y toda la noche. Para un meditador novicio, puede ser enloquecedor. En mi casa, hay una bomba de agua muy ruidosa, en el espacio que corresponde a un lugar angosto debajo del dormitorio principal, que por momentos despierta mi enojo. En este caso, lo único que se puede hacer es ir de cuarto en cuarto y experimentar en cada uno de ellos hasta encontrar el sitio más tranquilo.

Mantener el cuerpo abrigado

Cuando trate de proyectarse astralmente, deberá estar abrigado. Si deja que su cuerpo se enfríe demasiado, le será más difícil conservar su estado meditativo. Su cuerpo totalmente relajado e inerte se enfriará rápidamente, por lo tanto, deseará cubrirse con alguna manta liviana antes de comenzar. Por otro lado, debe sentirse confortable. En consecuencia, es aconsejable el uso de ropa suelta, o no ponerse ninguna prenda debajo de la manta.

Se piensa que en el pasado remoto, cuando la gente practicaba la proyección astral, se mantenía abrigada tendiéndose cerca del hogar. En realidad, muchos creen que este es el origen de las leyendas de las brujas de Halloween que "volaban" en sus escobas a través de la chimenea hacia el cielo nocturno.

Encontrar la postura adecuada del cuerpo

Elija la postura para meditación en la que pueda permanecer cómodo de treinta a sesenta minutos. Esto generalmente significa no cruzar los brazos o las piernas, a menos que usted esté acostumbrado a practicar dentro de las tradiciones de Asia Oriental y le sean habituales estos tipos de posiciones. Para la mayoría, los brazos y las piernas cruzadas se sienten incómodas después de transcurrido un rato y esta incomodidad física lo distraerá del objetivo que intente mantener. Muchos ocultistas de las escuelas occidentales (es decir, aquellas de base europea) sienten que los brazos y las piernas cruzadas impiden el flujo de la energía personal que necesitan para tener éxito.

No importa lo que a usted le hayan dicho, ninguna posición corporal es en sí misma adecuada o equivocada, ni tampoco afectará la total experiencia astral que tenga. Muchas personas emiten opiniones drásticas respecto de la mejor posición corporal, fundamentadas en lo que funcionó mejor para ellas. Mi consejo para usted es que escuche las palabras a favor y en contra, de todos ellos, y luego experimente y saque sus propias conclusiones.

Puede elegir acostarse o sentarse: lo que prefiera. Yo prefiero acostarme, pero una de mis mejores amigas no puede proyectar a menos que esté reclinada en su asiento, con la cabeza relajada hacia delante. De ninguna manera yo podría proyectarme tal como ella lo hace, ni tampoco ella podría hacerlo a mi modo.

Si elige sentarse, los practicantes avanzados recomiendan que lo intente manteniendo la columna vertebral tan derecha como sea posible, para que la energía fluya a través del cuerpo y se evite la distracción causada por la fatiga en algún lugar tensionado, que ocasionará molestia (aunque esto no es realmente un problema para mi amiga, la de la cabeza relajada).

Si elige acostarse, asegúrese de que esté practicando en un momento en que no se quede inadvertidamente dormido. Quedarse dormido mientras se trata de proyectar astralmente no le causará daño, pero por supuesto, no tendrá éxito en la proyección consciente. Mantener esta conciencia del dominio astral y controlar las acciones, es lo que distingue la proyección astral respecto de los sueños y de otras experiencias psíquicas incontroladas.

La escuelas místicas de Oriente (Lejano Oriente e India, por ejemplo) tienen un catálogo completo de interesantes posturas meditativas, las cuales les resultan difíciles a los occidentales, tanto para lograrlas como para mantenerlas. Estas, a menudo, implican retorcer los brazos y las piernas en posiciones que la gente acostumbrada a sentarse en sillas de respaldos duros o asientos afelpados, no tolera.

Estas escuelas de Oriente también enseñan que muchas posiciones son mejores para distintos tipos de meditación. Si usted usa una o más posiciones, siéntase libre de elegir la que piensa que funcionará mejor para los experimentos de su proyección astral. Si no está utilizando ninguna de ellas, ahora es el momento de comenzar. Elegir una postura que le sea familiar y cómoda es lo mejor para aprender la proyección astral.

Estados alterados de conciencia

Una proyección astral exitosa no requiere un profundo estado meditativo, o lo que algunas veces se denomina *estados alterados de conciencia*, pero sí exige que usted sepa cómo entrar en dichos estados y salir de ellos, con razonable facilidad.

A pesar de lo mucho que Hollywood ha tratado de impresionarnos con los efectos especiales, no existe un gran misterio para este proceso. Ni contiene un peligro inherente ni tampoco es algo que sólo el elegido o el talentoso puede lograr. La palabra *alterado* sólo significa *"cambiado"*; un estado alterado de conciencia sólo se refiere a una variación o cambio en el número de ciclos de ondas cerebrales que usted produce por segundo. Esto no es la charlatanería psicológica de la Nueva Era, sino un cambio fisiológico real, medible mediante el uso de una máquina conocida como electroencefalograma o EEG. Tales cambios en los niveles de actividad cerebral (BAL) se dividen en cuatro grandes categorías: beta, alfa, theta y delta.

Tabla del Nivel de Actividad Cerebral

Estado	CPS	Definición
	(Ciclos por segundo)	
Beta	15 - 18	Conciencia normal en estado despierto, que se usa para un pensamiento activo, para el estudio, el razonamiento y la conversación.
Alfa	8 - 12	Estado alterado de leve a medio, utilizado para una meditación de nivel medio poco profunda; es también el estado mínimo necesario para cumplir exitosamente con las tentativas más esotéricas, incluyendo la proyección astral; comprende estados de ensoñación, focaliza el pensamiento no analítico, se puede mirar televisión o hacer una lectura superficial, y el nivel de sueño asociado al REM, soñar o dormir. Despertar de este nivel no es difícil.
Theta	4 -6	Un profundo estado alterado asociado con el Zen, otras prácticas esotéricas complejas y sueño mediano a profundo. Despertar de dicho estado puede ser moderadamente difícil o desagradable.

Estado	CPS	Definición
Delta	0.5 -2.5	Este nivel caracteriza los niveles de sueño más profundo y está presente cuando nos encontramos en estado de coma: no hay conciencia del cuerpo físico o de sus necesidades, si bien algunas personas pueden recordar detalles, hechos y conversaciones que tuvieron lugar en el cuarto, alrededor de ellos. Despertar de este estado, limita entre lo más difícil y lo casi imposible.

Las regiones medias del nivel alfa son todo lo que se necesita para lograr una proyección astral, aunque cuanto más profundo usted pueda llegar y cuanto mayor tiempo pueda permanecer allí, mucho mejor será.

Los cambios de conciencia, o BAL, suceden naturalmente muchas veces, a lo largo de cada uno de los días de nuestra vida. Por ejemplo, durante una noche normal de descanso de ocho horas, el cerebro humano se desplaza ida y vuelta de alfa a beta aproximadamente cinco veces, de modo que los niveles delta se acortan cada vez y los alfa se hacen más largos.

Los actos simples como la ensoñación, el leer o mirar televisión, también reducen la salida de ciclos por segundo en los niveles poco profundos de alfa. Todos estos son estados alterados de conciencia. La única diferencia entre tales estados alterados y la meditación deliberada es el hecho de que usted intenta controlar la actividad cerebral, en vez de dejarla que se produzca aleatoriamente. Esto no es más peligroso de lo que fue aprender durante su infancia, el control de esfínteres. En ambos casos, usted simplemente buscó controlar aspectos del funcionamiento del cuerpo.

Aprender el arte de la meditación

Además de ser un trampolín para una variedad de prácticas ocultas, incluyendo la proyección astral, la gente que medita regularmente adquiere cantidades de otros beneficios. Los estudios han demostrado que los meditadores tienen una presión arterial más baja, sistemas inmunológicos más fuertes y menos enfermedades relacionadas con el estrés. Tienden a dormir mejor, a pensar más rápido y a alcanzar niveles de energía más altos que los que presentan quienes no meditan. Aunque usted decida alguna vez que no quiere más proyecciones astrales, aprender el arte de la meditación mejorará todas las otras áreas de su vida.

Existen numerosos libros, cintas de audio y videos que le enseñarán todos los detalles ínfimos de la meditación o determinado enfoque sobre un método en particular, dentro de una escuela de pensamiento esotérico específico. Estos elementos son extraordinarios si la meditación es su única meta. Presumiblemente, usted desea aprender a proyectarse astralmente, y esto requiere sólo un nivel medio de competencia, que si bien necesita práctica, no exige una biblioteca especial de la cual aprender. Casi cualquiera puede tener éxito en la meditación, simplemente dejando el cuerpo relajado y tomando control de todos los pensamientos conscientes.

Relajación progresiva

Para comenzar con la práctica de la meditación, diríjase a ese lugar cálido, privado y tranquilo del cual hablamos ante-

22

riormente; luego ubíquese en una postura corporal en la cual pueda relajarse y permanecer cómodo durante por lo menos treinta minutos. Cierre los ojos, haga unas cuantas respiraciones profundas y lentas. A medida que exhala, visualice que toda la tensión se drena de su cuerpo. Indudablemente, todavía habrá muchos lugares tensos después de hacer esto, pero volveremos y mataremos a estos dragones. Por el momento, relájese lo más posible y continúe.

Luego, usted deseará hacer lo que se denomina *relajación progresiva*. Este es un truco de meditación que le permite relajar la totalidad del cuerpo, al concentrarse en sus puntos en particular mediante la relajación de cada uno de estos puntos en profundidad, antes de seguir con el resto del cuerpo.

Cuando a cada uno de estos puntos en particular se lo aísla mentalmente de esta forma, su condición se hace más clara; por lo tanto, resulta más fácil relajarlo que relajar el cuerpo en su totalidad al unísono. Es un proceso que lleva tiempo, pero a medida que lo haga, tendrá conciencia de cuántos centros pequeños de tensión usted lleva a cuestas todos los días.

Cuando probé la relajación progresiva por primera vez, me sorprendieron los lugares donde los músculos contracturados estaban siempre presentes, y ahora, muchos años después, todavía encuentro que si estoy dolorida o emocionalmente mal, estas son las áreas donde se concentra la tensión y donde es más difícil la relajación. Este tipo de relajación es también una gran técnica para ayudarlo a quedarse dormido, si tiene problemas en hacerlo después de un día muy estresante, de manera que provee otros beneficios más allá de la simple meditación.

Comience su propia relajación progresiva, concentrándose en los dedos de los pies. No permita que ingresen otros pensamientos en su mente, salvo aquellos que tengan que ver con sus dedos. Mentalmente, los relajará a cada uno de ellos. Si fuera necesario, haga esto en forma individual, dedo por dedo. Concentre toda su atención y pronto notará dónde se hallan las zonas tensas; dónde tiene músculos contracturados y dónde tiene dificultades en aflojar para relajarse por completo. A algunas personas les agrada acompañar este proceso con visualizaciones mentales donde pueden "ver" cómo la tensión drena de la parte del cuerpo que se está relajando. Tal vez usted desee ver la tensión disolverse como azúcar en el agua, o verla fragmentarse y desvanecerse en el piso debajo de sus pies, o cómo la limpia una ola de agua cálida y relajante. Escoja cualquier imagen que para usted represente con mayor intensidad la relajación; esto es lo que mejor ayudará sus esfuerzos.

Después de haber relajado los dedos de sus pies en su totalidad, desplace su conciencia hacia los pies propiamente dichos y realice el mismo procedimiento. No necesita dedicar más de treinta o cuarenta segundos a cada parte del cuerpo, salvo cuando perciba que una cantidad extraordinaria de tensión está concentrándose allí.

Luego de los dedos y los pies, mueva su conciencia hacia la pantorrilla, el empeine, las rodillas, hasta llegar a la cabeza. Ponga atención especial en aquellas áreas del cuerpo donde todos solemos acumular tensiones, tales como los hombros, la nuca, la mandíbula y la frente. Preste también atención a cualquier área en la cual suele experimentar dolor. Estas son las áreas en que los músculos tienden a estar más tensos. Por ejemplo, si usted es un atleta y a menudo tiene las articulaciones doloridas, o si sufre del síndrome de túnel carpiano debido a trabajar con movimientos repetitivos, los músculos que corresponden a esas áreas tienen tendencia a estar más tensos.

Concentrándose en la voluntad

Una vez que se sienta totalmente relajado, haga otra respiración profunda y comience a concentrar sus pensamientos sólo en una cosa. Si resulta ser una persona orientada hacia lo visual, que puede "ver" las ideas, entonces tal vez desee elegir una imagen o símbolo para tenerlo en la mente. Por el momento, mantenga la forma, color y textura muy simples.

En cambio, si usted tiene una predisposición hacia lo auditivo —por lo tanto, es alguien que "escucha" ideas en lugar de "verlas"— tal vez desee elegir una frase para repetírsela a sí mismo una y otra vez (a menudo denominada mantra, cuando se está meditando). Mantenga la frase breve, genérica y relacionada con su último propósito: en primer lugar, el motivo por el cual desea alterar la conciencia. En este caso, quizás le agrade repetirse a sí mismo: "Yo me proyecto astralmente, yo me proyecto astralmente", una y otra vez.

Asegúrese de que su afirmación sea positiva e incluya el verbo en tiempo presente. En los estados alterados inferiores, la mente se vuelve muy receptiva; este es uno de los motivos por los cuales la idea del aprendizaje durante el sueño ha pasado por períodos de popularidad. Pero si usted realiza la afirmación en tiempo futuro, puede que también termine posponiendo su meta.

Esté seguro de decir su frase como si ya fuera un hecho en su vida. Repito, que sea positiva. No use términos negativos como: "Dejaré de pensar que no puedo proyectarme astralmente", o "No voy a temer a la proyección astral". Observe cómo estas oraciones se centran en los aspectos negativos de la meta y no en los positivos. Concentrarse en ellas sólo alimenta la duda, al arrojar energía negativa en la práctica a realizar. Si usted desea realmente superar aquellos obstáculos que se cruzan en su camino (y todos tenemos o hemos tenido en algún momento), entonces formule simplemente una afirmación que ya vea su éxito como parte de su realidad actual.

Otro propósito de esta afirmación es convencer de su verdad, a todos los niveles de su mente. Todos hemos leído bastantes estudios acerca de que la conexión cerebro-mente-cuerpo tiene algún conocimiento de las formas en las que necesitamos moldear nuestra propia realidad. Una vez que la mente está convencida de algo, hay muy poco que se pueda hacer para detener al resto de su ser en cuanto a seguir hacia delante.

Mantenerse con un solo pensamiento no es tan fácil como suena, y al comienzo, su mente deseará evadirse para encontrar algo más entretenido para hacer. Este es el punto en el cual muchas personas se rinden ante la frustración. Resista el deseo de abandonar o hasta el de detenerse y decirse a sí mismo que mañana lo reanudará. Tal actitud sólo permite que la parte resistente de su mente gane la batalla. Al igual que un niño malcriado, solamente llorará más fuerte la próxima vez que usted haga lo que a ella no le gusta, hasta que usted vuelva a rendirse. Esto inicia un fracaso en espiral descendente que, más tarde, puede ser difícil de superar cuando finalmente usted descubre dónde se equivocó la primera vez.

Cada vez que su mente divague, alejada de la meta, simplemente empújela hacia donde están los pensamientos que quiere que ella tenga y continúe como si nada hubiera sucedido. Lentamente, haga su camino hacia donde pueda mantener un solo pensamiento, por lo menos durante diez minutos. Recuerde que mientras esté meditando, usted no se hallará consciente del transcurso del tiempo, por lo tanto, recuerde mirar un reloj grande o de pulsera, antes y después de cada sesión, para medir sus progresos.

Crear un escenario artístico

Una vez que haya dominado esta parte del arte de la meditación, la cual puede llevar algunas semanas o unos pocos meses —esto depende de la experiencia previa y sus esfuerzos— el paso siguiente es entrar en el estado meditativo y permitir que una escena espectacular se forme en la mente.

Elija un escenario que usted considere irresistible y déjelo desplegarse enfrente de sus ojos internos, como si se estuviera proyectando en una pantalla de cine, de 360 grados.

Esta es su oportunidad de ingresar la mejor forma de realidad virtual que existe: la oportunidad de vivir su deseo más grande. No hay límites. Sea su propia estrella, escritor y director, y luego entréguese un Oscar. La sensación que experimentará haciendo esto en un estado meditativo controlado es similar a lo que experimentará al hacer proyección mental, y a menudo, la simple práctica de verse a usted mismo en estas escenas, en realidad lo ubicará allí para que pueda despegar y proyectarse a cualquier otro lugar a donde desee ir (véase capítulo 8).

He descubierto que, a las personas que siempre han tenido una vívida imaginación y vidas con ricas fantasías, les va mejor con las proyecciones astrales. Existe definitivamente una conexión entre las dos, por lo tanto, comience a crear ahora su mundo interior, si no lo ha hecho todavía.

Conteo mental

El conteo mental es otro método común gracias al cual puede lograrse o profundizar un estado alterado de conciencia. Esto se realiza, generalmente, diciéndose a sí mismo los números en escala descendente, para entrar en un estado alterado; luego se cuenta en forma ascendente, cuando se está listo para salir del mismo. Es un recurso que serena la mente, comparable con contar ovejas para vencer el insomnio.

El conteo mental ayuda a que muchas personas puedan relajarse y logren un estado mental receptivo. Los números elegidos para comenzar y terminar dependen de usted, y pueden combinarse con la respiración controlada, si esto lo ayuda a concentrarse. Puede repetirse también un conjunto de números, una y otra vez. Por ejemplo, si usted pertenece a una tradición que considera al siete como un número sagrado, como lo hacen muchas escuelas místicas cristianas, o aun cuando fuera simplemente su número de la suerte personal basado en la experiencia o en la numerología, puede querer contar desde siete en forma descendente para ingresar en su meditación, y en forma ascendente hasta siete, para salir de ella.

Cánticos

Recurrir a cánticos como ayuda es otra manera de usar un mantra, o una afirmación rítmica repetida verbal o mentalmente, una y otra vez, mientras la mente se concentra en su sentido más profundo. El cántico transformador o el canto usado para cambiar de una condición a otra, es de origen antiguo y se ha hecho nuevamente popular entre los cultores de la Nueva Era, los chamanes modernos, los paganos y en escenarios espirituales de mujeres. Para sus fines, es mejor que en este momento seleccione una frase breve y simple relacionada con su meta, tal como: "Me proyecto astralmente", o "Yo vuelo". Igual que con su afirmación previa, que sea breve, positiva y en tiempo presente.

El poder de la respiración controlada

Una de las prácticas meditativas más elementales es la respiración controlada, destreza considerada como un elevado arte espiritual en el Lejano Oriente y las místicas tradiciones védicas. Para imitar esto, necesitará permitir que el ritmo natural de su respiración lo vaya serenando paulatinamente, a medida que medita.

El mundo está recién ahora redescubriendo el aumento

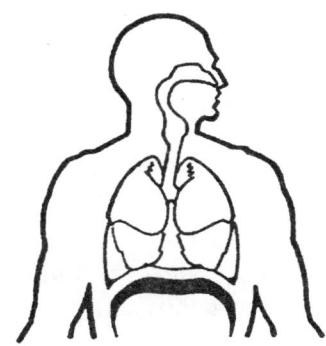

Figura 1: Diafragma al inhalar

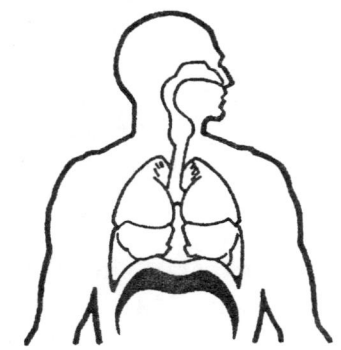

Figura 2: Diafragma al exhalar

de la estimulación mental y otros beneficios de salud producidos por una respiración apropiada, probablemente porque unos pocos conocedores han encontrado la manera de hacerlo productivo.

En la moderna Los Ángeles, se puede ir a "bares de oxígeno" para beber aire puro, mientras se conversa acerca de las últimas expansiones corporativas. Los atletas profesionales se empeñan en contratar entrenadores que sepan de respiración, porque sienten que ellos les revelarán los secretos gracias a los cuales podrán obtener mejores resultados de sus cuerpos al cambiar la manera de respirar, mientras un libro del gurú Pan Grout sobre la holística del buen estado físico, llamado *Jump Start Your Metabolism with the Power of Breath (Inicie su metabolismo con el poder de la respiración)*, promete una notable pérdida de peso tan sólo con aprender las técnicas adecuadas de respiración profunda.

Redituable o no, respirar correctamente es importante para su objetivo de la proyección astral. Una de las formas en la que los principiantes en la tarea de estados alterados dificultan su propio progreso es mediante una respiración inadecuada. Este concepto suena tonto para muchas personas que piensan que respirar es tan natural que a nadie se le debe enseñar a hacerlo, pero no es así. Una respiración saludable es natural: una respiración profunda que proviene del diafragma y no del pecho. El diafragma es un músculo elongado, debajo de los pulmones, responsable de expandirlos y contraerlos. Cuando usted realiza una respiración profunda, es el músculo del diafragma el que se mueve, no los pulmones por sí mismos.

Tómese un rato ahora para darse cuenta de la manera en que respira. ¿El área del diafragma se mueve, o es una respiración poco profunda y concentrada en la parte superior del pecho? Ahora, realice unas respiraciones lentas y profundas.

¿Es la sección media cerca del diafragma la que hace la mayor parte de la expansión y contracción o está forzando esta tarea en el pecho? ¿Qué pasa con la posición de los hombros? Cuando usted está parado o sentado y los hombros suben y bajan con cada respiración, está haciendo algo mal. Los hombros deben permanecer quietos cuando respire.

El soplo llamado respiración profunda es un error común que todos aprendimos en el jardín de infantes. Observe a los niños cuando se les pide que hagan una respiración profunda y mire cómo hacen un gran despliegue al hinchar el pecho e inflar las mejillas. Nada de este esfuerzo está centrado donde necesita estar. Al ser adultos, recaemos en estos malos hábitos de respiración, para aumentar nuestra vanidad. Tanto los hombres como las mujeres tienden a mantener achatada y subestimada el área del estómago mientras acentúan el pecho. En verdad, un diafragma fuerte ayudará a contraer los músculos del estómago, no a acentuarlos.

La mayoría de las personas se ve forzada a respirar correctamente, si están acostadas sobre sus espaldas. Si usted no está seguro respecto de cómo está respirando —desde su diafragma o no— intente acostarse sobre una superficie dura y observe cómo es la parte superior del estómago la que tiende a elevarse y caer y no la del pecho.

El otro momento en que la gente respira adecuadamente es mientras duerme. Todos respiran correctamente durante el sueño, salvo que una enfermedad o algún problema físico cause interferencia. Tómese algún tiempo para observar la respiración de alguien durmiendo. Observe la lenta y profunda inspiración desde el área del plexo solar y no desde el pecho. Los cantantes profesionales también saben cómo respirar correctamente, ya que la respiración diafragmática es esencial para controlar la letra de las canciones y producir voces potentes.

Si está tratando de alterar su conciencia mediante la meditación básica y descubre que su mente aun así tiende a distraerse, tal vez sea importante tratar de contar cada una de las respiraciones a medida que se producen. Intente hacerlo primero en la exhalación, y después, en la inhalación, para ver si encuentra alguna diferencia en la forma en que se siente.

Es una práctica ocultista estándar inhalar por la nariz y exhalar por la boca, cuando se están realizando ejercicios de respiración profunda. Esta es una práctica común en las escuelas ocultistas de la India y Lejano Oriente, donde se cree que esto establece un flujo ininterrumpido de energía a través del cuerpo, el cual se obtiene de prácticas tales como proyecciones astrales. Existen también beneficios para la salud, relacionados con este tipo de respiración. Los folículos y membranas en la nariz ayudan a filtrar las impurezas y a calentar el aire antes de que ingrese en los pulmones.

Se puede también tratar de alterar los patrones respiratorios para ver qué efecto tienen en la conciencia. Por patrones quiero decir los "ritmos" o conteos que se realizan para la inhalación, la pausa, la exhalación y la pausa nuevamente. Cuando estamos despiertos y relajados, la mayoría de nosotros inhalamos en dos tiempos, hacemos una pausa de medio tiempo, luego exhalamos en dos tiempos y volvemos a hacer una pausa por otro medio tiempo, antes de inhalar nuevamente.

Un tiempo no es una cantidad de tiempo determinada, aunque la mayoría de la gente tiene sentido de lo que significa. Algunas veces los libretos teatrales y televisivos usan el término *tiempo*, para los actores, en las instrucciones de las escenas, refiriéndose a una breve interrupción entre líneas o acciones. Esto es particularmente cierto en las comedias, donde los tiempos son esenciales para hacer que una línea aparezca como graciosa o resulte un fracaso. Mi propia idea de tiempo es algo como una fracción inferior a un segundo, pero si su idea de tiempo dura un segundo y medio, aún así está bien.

Un patrón respiratorio común y popular, usado para la meditación, consiste en inhalar en cinco tiempos, sostener el aire durante tres tiempos, exhalar en cinco tiempos, estar sin aire durante tres tiempos. Y reiniciar. He tratado también de usar el patrón cuatro/uno/cuatro/uno y me di cuenta de que es bueno para usar con proyecciones astrales cuya meta es explorar los mundos espirituales. Un patrón tres/uno/tres/uno o el que consta de dos/dos/dos/dos también producen imágenes en mi mente, que parecen fijar las expectativas para la exploración astral. El primer patrón tiende a dejarme explorar reinos elementales donde hay seres imaginarios y residen los fundamentos básicos de la existencia, mientras que el segundo patrón me coloca en un esquema mental que me permite encontrarme con mis amigos astrales.

A medida que cae más profundamente en la proyección astral, comenzará a perder noción de su patrón de respiración y este encontrará su propio equilibrio basado en lo que usted esté realizando en el mundo astral. No piense que durante todo el experimento estará preocupado por su respiración.

Una vez leí un libro sobre meditación que aconsejaba no experimentar con patrones respiratorios porque eran en realidad un código psíquico que posiblemente podría atraer algo indeseable hacia usted. Ese tipo de pensamiento alarmista no tiene cabida en el ocultismo positivo. La mayor parte de las culturas antiguas enseñaba que la respiración era sagrada, un medio por el cual se sostenía la vida y a través del cual la vida era preservada, si la respiración era capturada por un chamán de la tribu. Si existe algún código en funcionamiento, es simplemente su propio ser interior y el descubrir cuál es el patrón que resuena mejor, con la intención de aprender la proyección astral. No tema experimentar. Si resulta que encuentra un patrón de respiración que le hace sentir incómodo de alguna forma, simplemente cámbielo por uno que le agrade más.

También, tenga en mente la diferencia entre una adecuada respiración profunda y el uso de patrones de respiración. Existen dos conceptos diferentes. Una adecuada respiración profunda, que consiste en respirar hondamente desde el diafragma, es esencial para un buen trabajo de estado alterado. Usar patrones de respiración específicos es de gran ayuda para muchos practicantes, pero no es absolutamente esencial. Algunas personas, sobre todo los occidentales, puede que encuentren este patrón de respiración como algo más distractor que colaborador, y es factible que quienes padezcan asma u otros problemas respiratorios, lo consideren difícil de realizar.

Dejar el estado meditativo

Cuando esté listo para dejar de meditar, simplemente comience a recobrar el sentido de su cuerpo físico, una vez más. Haga esto, quitando su concentración de la meditación y llevándola al cuerpo físico. Comience a pensar en su cabeza, en la cara, el cuello, etc. y recuerde lo que es ser corpóreo nuevamente.

También se recomienda que, cuando sea posible, intente salir del estado meditativo, usando el mismo proceso con el que entró. Esto mantiene feliz a su mente analítica, esa que siempre anhela el orden y la lógica, de manera que esta pueda estar en sincronía con su mente creativa y le permita una suave transición de pensamiento e imágenes mentales. Cuando se sienta sólidamente de regreso en el mundo físico, puede abrir los ojos y comenzar a mover el cuerpo.

En este punto, a muchas personas les agrada hacer algo muy físico para establecer con mayor claridad la separación entre el mundo meditativo y el físico. Puede golpear con los pies en el piso, gritar o comer. Puede hacer el amor, correr algunas millas, disfrutar de ejercicios aeróbicos o llevar a cabo cualquiera de las cosas propias de un ser viviente y corpóreo. Permita que su sangre circule y que el corazón lata. Este es el momento para deleitarse, por el hecho de que usted está totalmente vivo y forma parte del mundo físico total.

Capítulo 2

Prepararse para la Proyección Astral
Parte 2: Los Chakras y Otros "Secretos"

Además de los prerrequisitos obvios, tales como estar relajado y tener la capacidad de alterar a voluntad el nivel de conciencia, existe un sinnúmero de otras formas para aumentar las posibilidades de una proyección astral exitosa, o mejorar las experiencias astrales que usted ya pueda tener. Estas fuerzas auxiliares incluyen el registro astral, el trabajo de los chakras, recurrir a otras energías para ayuda, y utilizar las condiciones del tiempo o fenómenos astrológicos para su mejoramiento. Me referiré a cada uno de ellos en este capítulo.

Mantener un registro astral

En este punto de su estudio de las proyecciones astrales, es tiempo de que tome en serio la tarea de mantener un registro de sus experiencias y progresos. La importancia de registrar las experiencias ocultistas, especialmente en las etapas iniciales, a menudo no es obvia hasta que ya resulta demasiado tarde como para retroceder y recrear todas las anotaciones que debieron haberse hecho.

Su registro astral no necesita ser extravagante, aunque a algunas personas les agrada comprar hojas y encarpetarlas con esmero. Un cuaderno con espiral o una carpeta funciona maravillosamente bien. Prefiero la carpeta de hojas sueltas, de modo que pueda organizar el material para poder estudiarlo. En vez de ubicar las experiencias en orden cronológico, organizo los desaciertos y los éxitos, luego ordeno mis éxitos por el tipo de proyección astral que experimenté: contacto espiritual, búsqueda de conocimiento, preguntas kármicas, etc. También es posible que usted desee ordenar sus páginas basándose en sucesos astrológicos, condiciones climáticas, niveles de ruido, o cualquier otra cosa que afecte su experiencia en conjunto. Si comienza usando un cuaderno de espiral, le recomiendo que sea uno con las páginas troqueladas y con tres agujeros en el margen, de modo que puedan ser arrancadas y llevadas a un registro de hojas sueltas, si es eso lo que decide hacer más tarde.

El hecho de tener algún tipo de "diario" para registrar su progreso de proyección astral tiene tres propósitos. Primero de todo, lo ayuda a identificar las condiciones que mejor lo guían hacia su éxito personal. Por ejemplo, usted puede encontrar que puede proyectarse mejor astralmente cuando la Luna está en el signo de Piscis o cuando hay una lluvia torrencial. También puede darse cuenta de que su peor momento es cuando hace arder incienso de jazmín o cuando se aproxima una tormenta eléctrica. Elija un día al mes para revisar sus registros y tomar nota de las diferentes entradas, con una visión objetiva. Con el tiempo, podrá ver el patrón de sus afinidades y sabrá de cuáles sacar ventaja cada vez que se presentan.

Segundo, su registro astral le ofrece una exacta representación del grado de éxito o fracaso, de modo que puede diagramar con exactitud sus progresos. Por último, le ayuda a poner todas sus experiencias astrales en perspectiva. En el registro, puede tomar nota del conocimiento obtenido o de los seres encontrados en sus viajes astrales, de manera que pueda tener una mejor idea de dónde está creciendo espiritualmente, lo cual debe ser el primer interés de la mayoría de sus proyecciones astrales.

Incluso deberá registrar en su cuaderno toda fluctuación que se produzca en su estado anímico o en su salud en general. Aun el cambio más leve en cualquiera de las áreas puede provocar una gran diferencia en su capacidad de proyectar o en la calidad de esa proyección. Es redundante aclarar que no deberá hacer el intento de proyectarse astralmente, si está enfermo, enojado o molesto. Las últimas dos son emociones negativas que sólo se amalgamarán en un reino donde el pensamiento se hace evidente a la velocidad de la luz. La proyección astral, en los principiantes, toma una gran cantidad de la reserva de energía. Bajo condiciones normales, hay pocas posibilidades de que se sienta totalmente desvastado después de una proyección, pero si las reservas energéticas de su cuerpo están comprometidas en la lucha contra una enfermedad, sólo logrará sentirse más enfermo, en tanto trate de proyectarse en estas condiciones. Yo aprendí esta lección de forma dura, ya que unos pocos estornudos se transformaron en uno de los peores resfríos que jamás haya tenido, completado con una laringitis de tres días.

A continuación, hay un "modelo" como muestra, para que pueda copiarlo y modificarlo cuando lo use en su propio registro astral. Por favor, observe que la última entrada propuesta es para utilizarla cuando se toman notas más adelante, es decir, cuando haya tenido tiempo de reflexionar sobre su experiencia astral y ubicarla en perspectiva respecto de la totalidad de sus metas espirituales.

Ejemplo de Entrada para Registro Astral

Fecha:	
Hora de inicio:	Hora de finalización:
Ubicación física:	
Notas sobre salud personal:	
Propósito de esta proyección:	
Observaciones del tiempo:	
Datos Astrológicos:	
Ayuda requerida (si fuera necesario):	
Música:	Oraciones:
Esencia:	Velas:
Colores:	Ungüentos:
Otros:	
Método de Inducción para el estado alterado:	
Descripción de la experiencia de proyección:	
Seres encontrados:	
Papel evidente de esos seres:	
Naturaleza de la interacción con los demás en el plano astral:	
Lo aprendido de esta proyección:	
Introspecciones posteriores	Fecha de las notas hechas:
Verdadero propósito:	
Lo que se aprendió:	
Lo que se trabajó y lo que no:	
El verdadero papel de los seres encontrados:	
Otras observaciones:	

El papel de los chakras en la proyección astral

Otra práctica de meditación que no sólo ayuda en la proyección astral sino que también mejora otras tareas ocultistas y las capacidades psíquicas es aquella donde los chakras o los centros de energía del cuerpo se estimulan y se abren.

Existen siete centros principales de chakras en el cuerpo, que corresponden a las diferentes funciones: mental, emocional y funcional. Para ubicar los chakras, véase la figura 3. La mayoría de las personas desconoce que los mensajes psíquicos y la energía entran a estos centros energéticos y salen de ellos, todos los días. Nuestro lenguaje metafórico, cuando alude a que algo se siente como un golpe en el estómago, o bien que hace doler el corazón, o provoca que la garganta se cierre o que traspase las entrañas, manifiesta tener conocimiento de las áreas del cuerpo que corresponden a los centros de los chakras.

Los chakras funcionan también como portales entre nuestro yo físico y el mundo astral. Cuando uno o más chakras no está funcionando adecuadamente, o cuando está cerrado por completo o abierto en el momento equivocado, hay un retraso en el progreso espiritual y puede dar como resultado una enfermedad física.

Equilibrar y limpiar los chakras

Hacer un ejercicio de limpieza de los chakras antes de proyectar, es especialmente útil si desea recurrir a uno de estos centros como punto de salida para la proyección astral (véase capítulo 6). Limpiarlos, hará que sea más fácil ingresar la energía que necesita para tener éxito. Si está interesado en aprender el arte de sanar a distancia (vea el capítulo 12), o la práctica de sanar a alguien mientras se encuentra en un estado proyectado, aprenda bien a hacer la limpieza de chakra, ya

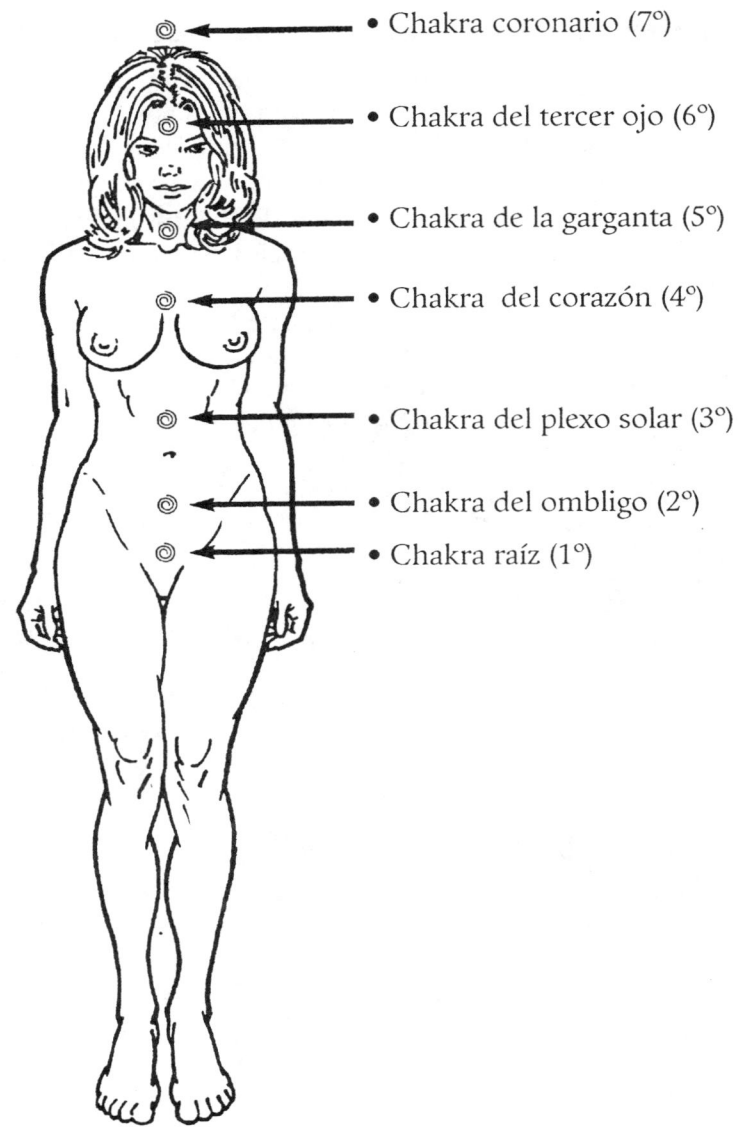

- Chakra coronario (7°)

- Chakra del tercer ojo (6°)

- Chakra de la garganta (5°)

- Chakra del corazón (4°)

- Chakra del plexo solar (3°)

- Chakra del ombligo (2°)

- Chakra raíz (1°)

Figura 3: Los Siete Chakras Principales

que formará el fundamento para los futuros esfuerzos de sanación.

Equilibrar y limpiar las áreas de los chakras es también beneficioso para la salud mental y física, y para una variedad de prácticas ocultistas.

Mientras se encuentra en su estado meditativo, visualice cada uno de los chakras, individualmente. Comience por el chakra raíz o base, y trabaje en forma ascendente. El chakra raíz es de color rojo. Visualícelo como una vívida esfera que se expande y se abre a voluntad, lo que permite el libre intercambio de energía beneficiosa. Mentalmente, quite cualquier mancha, roncha o pedazos oscuros que parezcan indicar bloqueos o daños en el chakra. Use la visualización de cualquier manera que lo ayude a lograr esta limpieza. Cuando finalice con el chakra base, diríjase ascendentemente hacia el próximo chakra hasta que haya completado los siete. Cuando termine, cada uno de ellos deberá verse puro y transparente como si fueran seres vivientes en sí mismos y de sí mismos.

Asociaciones de colores para los chakras

Chakra	Color
Raíz	Rojo
Ombligo	Naranja
Plexo solar	Amarillo
Centro del corazón	Verde
Garganta	Azul
Tercer ojo	Índigo
Coronario	Violeta

Antes de terminar su meditación o proyección astral, cierre parcialmente cada uno de los chakras que abrió, empezando por la coronilla y desplazándose hasta la raíz. Usted no desearía que estuvieran totalmente abiertos y expuestos a recibir energías incontroladas durante el día, pero tampoco los quiere totalmente cerrados, por razones de salud.

Usar música como estimulante del chakra

Si encuentra que tiene dificultades para abrir sus chakras, existe un truco que puede ayudarlo: usar música como inductor, o más específicamente, usar determinadas notas de la escala. Cada una de las doce notas de la escala contiene su propio patrón de energía el cual, cuando choca con su estructura química, espiritual y física, puede afectarle o influir en una cierta estructura mental o emocional. En la India y en el Lejano Oriente, este arte que a veces es llamado por el término difícil e insatisfactorio de *cromaticología* —entre los cultores occidentales de la Nueva Era—, se conoce desde hace siglos. Intenta catalogar y utilizar los efectos de la música en la psique.

Se cree que cada tono de la escala se relaciona con un chakra determinado, el cual responderá al ser energizado, equilibrado y abierto.

Notas musicales correspondientes a los chakras

Chakra	Nota correspondiente
Raíz	do
Ombligo	re
Plexo solar	mi
Centro del corazón	fa
Garganta	sol
Tercer ojo	la
Coronario	si

Los otros cinco tonos de la escala, conocidos como los cromáticos (do sostenido, mi bemol, fa sostenido, sol sosteni-

44

do, y si bemol) pueden usarse para abrir los centros de energía de otras partes del cuerpo y despertar los cuerpos astral (emocional), espiritual o mental. Los que mejor trabajan para un área determinada dependen de la escuela de pensamiento que usted estudie y de sus afinidades personales. Si quiere comenzar seriamente a trabajar con música como instrumento espiritual, le recomiendo que grabe (o que tenga un compañero que pueda interpretar) varias notas sostenidas mientras usted se encuentra en un estado profundo de meditación, lo cual le permitirá experimentar lo que mejor funcione con usted. Acuérdese de registrar los descubrimientos, junto con otra información pertinente acerca de cada sesión específica, ya sea en su registro astral o en cualquier otro libro de registros, para que pueda ver cómo surge su propio modelo.

Descubrí mi propio patrón de música de los chakras al comienzo de mis experimentos ocultistas, probablemente porque comencé a estudiar música alrededor de la misma época en que había empezado a aprender a escribir, y la música ha sido siempre parte de mi vida interna y externa. Descubrí que la nota re induce en mí sentimientos de poder personal y de triunfos, de modo que es la nota que toco cuando me encuentro insegura en mis viajes astrales. Mi y do bemol abren mi mente a misterios más profundos y son favorables para ayudarme a comprender mis registros Akáshicos (véase capítulo 11). El si bemol tiende a deprimirme si trabajo con él durante mucho tiempo y me pone en riesgo de atraer seres astrales inferiores (véase capítulo 3) y el sol sostenido me lanza a nostálgicos viajes en el mundo interno.

Cuando realice sus propios experimentos musicales, no se detenga en las notas aisladas. Siéntase libre de combinarlas, aun las que suenen menos agradables al oído. Podría sorprenderse con el efecto. También puede tratar de tocar con la octava en la que suena cada nota. Por ejemplo, un fa debajo de do mayor puede influirlo de manera diferente que el fa sobre el do alto.

La música es un instrumento poderoso para el desarrollo espiritual, especialmente en cuanto a ayudarlo a abrir la proyección astral. La mayoría de la gente está consciente del poder que la música tiene para estimular las emociones. ¿Cuántas veces escuchó una vieja canción, una que quizás no oyó en años, pero con la que de repente siente que ha sido bombardeado por vívidos recuerdos? Esto se debe a que actúa directamente sobre el centro emocional del cerebro y, a través del cerebro, puede estimular el cuerpo astral, el cual, después de todo, se conoce como el cuerpo *emocional*.

Quizás necesite experimentar con una variedad de sonidos, textura y sensaciones, para descubrir aquello que estimula sus chakras.

Buscar otras energías como ayuda

Además de los preparativos ya tratados, hay docenas de otras cosas que puede hacer por sí mismo y que contribuirán o no a su éxito. Ninguno de estos es absolutamente necesario, y quizás encuentre que le es fácil proyectar sin ellos. Otros descubren que disfrutan de los preparativos tanto para recurrir a sus energías inherentes como por sus cualidades estéticas. Estos incluyen el uso de inciensos, ungüentos o aceites, que desde hace mucho son conocidos en los círculos ocultistas como ayudas para que la conciencia escape de los confines del cuerpo.

Otros tipos de ayuda pueden ser descriptos más como singularidades que como secretos ocultos. Casi todos aquellos que se proyectan astralmente tienen unos cuantos que funcionan una y otra vez, para aquellos que les son fieles. Por ejemplo, algunos dicen que pueden proyectar exitosamente cuando su cabeza está hacia el norte, cuando tienen la mano derecha sobre la izquierda, cuando usan un símbolo espiritual o religioso de hondo significado personal, cuando se ponen aceite de jazmín en la frente, cuando usan su ropa favorita, cuando están apoyados sobre un almohadón en particular, cuando hacen diez abdominales primero, cuando se bañan con pétalos de la flor de durazno, etc. Esta lista es sólo la punta de un iceberg de singularidades que le he escuchado confesar a la gente. La mayor parte de estas cosas funcionan bien para aquellos que las usan porque están convencidos de que así es, y la creencia constituye la clave para triunfar en cualquier intento ocultista.

Magia natural

Otras prácticas tienen sus raíces en el antiguo arte de la *magia natural*. La magia natural afirma que todas las cosas en la naturaleza tienen patrones de energía que pueden convocarse para ayudarnos a cubrir necesidades y obtener metas específicas. Estas técnicas no son sólo para los neopaganos y los de la Nueva Era, sino que se basan en las prácticas y creencias populares de la gente común, en todas las culturas y religiones. Los patrones de energía en la naturaleza y en el espectro de colores están para ayudarnos, si les permitimos que lo hagan.

Velas. Quizás desee encender una vela azul mientras trata de proyectar, para sacar ventaja de dos cosas: la energía del fuego y las energías placenteras y propiciadoras del sueño, del color azul. Las velas de color violeta también obran de la misma forma, de modo que muchas personas que se proyectan astralmente les son fieles.

Las velas nos ofrecen una agradable atmósfera medieval y mágica y pueden mejorar el medio psíquico cuando tratamos de proyectarnos astralmente. Si elige las velas como ayuda, esté alerta de los peligros de tener un fuego encendido que no se controla adecuadamente. Asegúrese de que el compañero con el que usted trabaja sea consciente de este fuego. Y si no tiene un compañero, vea que las velas estén colocadas en un lugar donde no causen daño, en caso de caerse. Generalmente y por esta razón, enciendo las mías en la pileta de metal de la cocina o sobre el piso de cerámica de la ducha.

Incienso. El incienso contenido en un incensario es menos peligroso que una llama de vela. Las esencias no sólo proveen energía que usted puede utilizar sino que ese aroma puede ayudar a reducir olores externos que pueden distraerlo de su meta. El jazmín o el sándalo son dos buenas elecciones como inciensos para la proyección astral. Poseen las energías adecuadas que usted necesita para ayudarlo, y son fáciles de conseguir.

Si piensa que los olores no lo distraen tanto como el sonido, trate de experimentar con esencias, para comprobar con qué facilidad evocan recuerdos o sentimientos. Por ejemplo, fuertes olores de cocción provenientes del departamento de su vecino no lo ayudarán a relajarse y concentrarse, sino que mantendrán su mente en lo físico: así sea la próxima comida o ese delicioso pastel de nuez que su abuela solía hacer.

Aceites esenciales. Los aceites esenciales son aceites volátiles que se extraen de hierbas y plantas. Cuando se aplican sobre los chakras, pueden usarse para estimularlos y abrirlos, de modo que los chakras puedan ser los portales al mundo astral. Deben tomarse precauciones con estos aceites, ya que muchos de ellos irritan la piel. El aceite de lila se usa a menudo cuando el propósito de la proyección es ver las vidas pasadas; en cuanto a la salvia, ayuda a convocar escenas de sucesos futuros. Para una proyección astral general, intente experimentar con jazmín, gardenia, rosa o aceite de laurel.

Hierbas. Las almohadillas rellenas de hierbas, gracias a sus aromas y energías, pueden colaborar en la proyección. Un pequeño estuche de una simple tela de algodón también puede usarse de esta forma. No necesita ser elaborado, ni siquiera debe estar cosido, basta con que esté envuelto de manera que sostenga las hierbas en forma similar a como la gente cierra una bolsa de residuos.

Algunas personas colocan esta almohadilla debajo de la almohada, antes de iniciar los intentos de proyección. Otros la sostienen sobre la falda o la ubican sobre un chakra determinado o cerca de él. Experimente para encontrar lo que mejor funcione para usted. La hierba óptima para rellenar esta almohada es la artemisa. Es un ingrediente que, por lo general, compone los "ungüentos para volar" o las fórmulas de las que hablaremos más adelante. Otras que dan buenos resultados son el laurel, la madreselva, el ajenjo, la eufrasia, la valeriana y el *lemongress*.

A medida que avanza en este capítulo, recuerde que la psique de cada persona es un poco diferente. Vale la pena dedicar tiempo para descubrir aquello que es más adecuado para usted, no simplemente qué es lo que lo ayuda en la proyección astral, sino cuál es el más conveniente método de proyección astral. Puede suceder que la esencia de hierbas que mejor lo ayude a proyectarse usando el método de la meditación guiada, sin embargo no sea el mejor para el método simbólico del portal.

La influencia del tiempo y la astrología

Muchos escritos esotéricos, tanto contemporáneos como antiguos, aluden a la importancia del tiempo o al uso de fenómenos astrológicos para el éxito en la proyección astral. Como tantos otros aspectos de este arte, tales "cosas seguras" suelen estar mutuamente en conflicto, aunque hoy muchos practicantes toman partido por uno o por otros.

He conocido gente que cree que es mejor comenzar a aprender acerca de la proyección astral en luna llena, mientras que otros dicen que los aspectos oscuros de la luna nueva son mejores. Algunos prefieren sacar la energía de una atmósfera altamente cargada durante una tormenta eléctrica, en tanto otros dicen que sólo un tiempo calmo y despejado es lo que funciona bien para ellos.

El hecho es que todos tenemos diferentes afinidades e idiosincrasias, y sin dudas, tales sucesos funcionan mejor para algunos. Si usted es ese alguien, es algo que sólo usted puede decidir. Estas discrepancias son otra de las razones por las cuales los maestros esotéricos recomiendan que los alumnos conserven un registro de sus prácticas, incluyendo anotaciones acerca de las fases de la luna y el signo astrológico, la temperatura ambiente, las condiciones climáticas y cualquier otra información apropiada que afecte la atmósfera psíquica o física.

Controversias astrales

Hasta ahora quizás haya advertido que todos los tipos de ayuda para la proyección astral que se han mencionado requieren cosas que permanecen externas en relación con el cuerpo. Cuando comenzamos a hablar acerca de cosas que se pueden tomar internamente, nos encontramos en medio de un secular debate ocultista. Cuando consumimos drogas cuya finalidad es alterarnos la conciencia, nos privamos del proceso de aprendizaje. No se requiere ninguna destreza para tomar una pastilla como atajo que nos lleve a un estado alterado.

Algunos arguyen que sólo usan hierbas con este propósito, no verdaderas drogas, pero aun así estamos manejando un cambio químico en el cuerpo que proviene como resultado de algo que ingerimos y no de algo que hacemos porque tenemos la capacidad. Cuando puede causar el mismo cambio químico sólo con desearlo, usted tiene un control completo de todo su ser y es capaz de hacer casi cualquier cosa que usted desee, adentro o afuera.

Le recomiendo que aprenda a proyectar sin la ayuda de ingestión de drogas, y si alguna vez necesita algo para relajarse, utilice la fórmula herbaria relajante más liviana, la que lo ayudará a ingresar en el esquema mental adecuado y a abrir los centros psíquicos. De otra forma, estas "ayudas" se transformarán rápidamente en una muleta sin la cual no podrá moverse.

Muchos principiantes en la tarea de estados alterados se sorprenden de ver que pueden casi inadvertidamente crear muletas de las cuales más tarde tienen dificultad en deshacerse. Cualquier cosa a la que se haya hecho dependiente para conducirlo hacia un estado alterado puede llegar a ser adictiva y por lo tanto, destructiva en términos de aquellas capacidades ocultas que usted desea poder convocar a voluntad.

Por un lado, usted quiere que los rituales de sus estados prealterados tengan la uniformidad suficiente como para disparar su mente y darle conciencia de que se producirá un cambio. En términos metafísicos, esta es la naturaleza del ritual: usar símbolos, de manera que evoquen una respuesta de su psique, enviándola en la dirección deseada. Conozco a un hombre que usaba la misma pieza de música de la Nueva Era cada vez que intentaba meditar, cualquiera fuese el propósito de la meditación. Un año después me confesó que era incapaz de lograr un estado de conciencia alterada sin recurrir primero a la pieza de música específica.

Yo casi me provoco la misma dificultad, por exagerar el

uso de incienso de sándalo. Me gusta tanto el aroma del verdadero sándalo, que lo elegí siempre desde un comienzo. Afortunadamente, me di cuenta del daño que me estaba haciendo, cuando integré un grupo de experimento de proyección astral en la casa de un amigo que estaba usando incienso de olíbano. Inmediatamente empecé a alternar los que utilizaba en casa. Hasta ahora, el aroma de sándalo invoca en mí un estado alfa inmediato, de manera que lo empleo de vez en cuando. Es bueno saber que puedo contar con esa ayuda si fallan los demás esfuerzos.

En la segunda parte de este libro, doy sugerencias para el uso de incienso, tés, aceites y otras sustancias que creo pueden servirle para conocer ciertas técnicas de proyección astral o abrir determinadas regiones en el plano astral. Estas sugerencias se basan en el conocimiento de las propiedades ocultas de las sustancias como así también en mis propias experiencias. Siéntase libre de experimentar con otras sustancias, a medida que desarrolla sus habilidades. Varíelas con el fin de descubrir combinaciones en las que pueda confiar y que lo ayuden a evitar la trampa de la dependencia.

El motivo de esta digresión no es advertirle que evite aquellas cosas que lo ayudan a aprender artes esotéricas tales como la proyección astral, o excluir aquellas que pueden colaborar con usted para el logro de metas, en aquellos casos ocasionales, cuando el esfuerzo parece más difícil. El objetivo es simplemente mostrarle cómo ejercitar la precaución y el sentido común, de modo que pueda lograr todo cuanto desee. El poder verdadero proviene del interior. No renuncie a él al hacerse dependiente de otras cosas externas a usted.

Conceptos que confunden

Aunque realmente sabemos que el poder proviene del interior, no hay nada malo en permitir que haya circunstancias externas que disparen su mente para identificar que hay un cambio a punto de producirse, o hasta que ayuden a que se realice, siempre y cuando usted esté controlando el proceso. Esto es lo que debe lograr cualquier buen rito de proyección preastral. En el momento en que usted comienza a preparar su área de trabajo en la forma habitual, o adquiere una postura familiar, debe sentir que empieza a deslizarse automáticamente en un estado alterado de conciencia. Esto es aquello para lo cual usted está trabajando y no querrá arruinarlo, entrando en pánico por haberse convertido en un "adicto".

Siempre que la "adicción" provenga de usted —las cosas que haga, la forma en que se mueva o sienta, etc.—, está desarrollando lo que los ocultistas denominan *conciencia del ritual* y sólo demuestra que está madurando en su nivel de destreza.

Lo que usted *no* desea es ser dependiente de una esencia determinada o de un sonido que se halle completamente fuera de su control. Una buena prueba es preguntarse a sí mismo: "Si estuviera solo en una isla desierta, ¿tendría conmigo todo lo que necesito para sentir que me he proyectado astralmente con éxito?". Si la respuesta es NO, es hora de revaluar el sistema.

Esos misteriosos ungüentos para volar

Muchos libros acerca de proyecciones astrales y ocultismo mágico discuten la preparación y uso de ungüentos voladores, fórmulas grasosas con fama de provenir de antiguo origen, las cuales tienen la cualidad de colaborar con el cuerpo astral para que se separe del cuerpo físico. El ungüento se aplica generosamente en todo el cuerpo, antes de iniciar la proyección astral.

Las recetas más antiguas que tenemos de ellos fueron

recogidas durante las "confesiones", de las brujas acusadas en la Edad Media. Estas "confesiones" generalmente se obtenían por tortura, lo cual hace que su exactitud sea discutible. Los viejos registros de la corte nos informan que se usaba una base de grasa mezclada con hierbas trituradas y aceites que se mezclaban con abundante cantidad de negro de humo (los restos de carbón que se hallaban en el fondo de las lámparas). El carbón no tiene una función energética propia, pero posiblemente en algún momento los ungüentos fueron utilizados para ayudar a las brujas y a otros seguidores de las religiones nativas europeas a enmascararse, cuando iban hacia sus encuentros nocturnos, durante los siglos en que esto era una ofensa capital.

Muchos de estos ungüentos tenían la reputación de contener narcóticos o sustancias venenosas que hoy están clasificadas como alucinógenos. En otras palabras, producen visiones sólo por el hecho de usarlas, sin que la persona que proyecta realice ningún tipo de esfuerzo. Los propulsores de tales ungüentos estiman que esas visiones internas son lo que las proyecciones deben ser, entonces ¿por qué no tomar el camino más fácil?

Los alucinógenos probablemente pueden parecer muy útiles al comienzo, pero el utilizarlos mientras se está aprendiendo, llevan a la dependencia, y la persona que confía en ellos pronto será incapaz de entrar sin su ayuda, en un estado meditativo. El fin de esta práctica ocultista es ganar comprensión y control de uno mismo, algo que es imposible con el uso de dichas sustancias.

He utilizado varios ungüentos voladores no tóxicos que producen una energía a la que puedo recurrir para mejorar mi propia energía psíquica, pero NO realizan la tarea por mí. Ninguno de ellos contiene ingredientes psicoactivos, y todos funcionan bien. Varios libros que tratan sobre proyecciones astrales ofrecen recetas para preparar estos ungüentos, o al menos incluyen alguna sugerencia para preparar el propio. Si desea experimentar con alguno, pruebe la siguiente receta.

Ungüento para volar, no psicoactivo

En una taza de crema para el cuerpo, no perfumada, combine uno cualquiera de los siguientes ingredientes. Frótelos en todo su cuerpo antes de intentar una proyección astral.

1 cucharadita de té de artemisa, molida
1/2 cucharadita de té de perejil en copos
1/4 cucharadita de té de hierba gatera, molida
1/2 cucharadita de té de raíz de lirio de Florencia, molido
1/8 cucharadita de té de lentisco en polvo
1 ó 2 pizcas de laurel molino o en polvo
1 pizca de tomillo molido[1]
1 pizca de raíz de valeriana molida
1 ó 2 gotas de aceite de jazmín y/o
1 ó 2 gotas de aceite de rosas

Tal vez necesite ajustar o sustituir los ingredientes basándose en las afinidades personales que descubra, o reemplazarlos en caso de alergias. Los libros de herboristería o perfumería ocultista (véase bibliografía) pueden servir como guías para decidir acerca de los sustitutos adecuados.

No se preocupe si no usa todos los ingredientes en esta u otra receta. Estas recetas de ungüentos para volar generan una habilidad que le servirá en sus viajes astrales, ya sea que las haya respetado en sus componentes o, de manera intuitiva,

---

[1] No use más tomillo que el indicado, o irritará su piel.

haya agregado o sustituido algunos. Siéntase libre de experimentar con otras hierbas domésticas comunes, tengan o no energías conocidas para las proyecciones astrales. Busque exhaustivamente entre sus ingredientes, para tener la certeza de que la sustancia no sea irritante, venenosa o produzca reacciones alérgicas. Podría encontrar algo que funcione bien para usted, aunque otros lo consideren sin utilidad.

Cualesquiera que sean las peculiaridades que usted desarrolle para sus sesiones de viajes astrales, o cualesquiera que sean las ayudas utilizadas para sus logros, recuerde que USTED es la fuente de poder, no los refuerzos que emplee. Vivir una vida saludable, tener una estructura mental positiva y hacer esfuerzos honestos es lo que más cuenta. Estos aspectos son los que finalmente le permitirán tener éxito.

Resumen
de la preparación
para proyecciones astrales

Estos capítulos introductorios pueden haber sido confusos para aquellos que recién se inician en los estados alterados de conciencia. Lo que todo esto realmente significa es que, en cuanto a proyecciones astrales se refiere, sólo son necesarias dos cosas: 1) la capacidad de reducir los ciclos de las ondas cerebrales por segundo —lo que llamamos meditación—, y 2) que usted cuente con un lugar tranquilo, confortable, privado, donde se sienta seguro.

Finalmente, lo que usted desea es condicionar su mente de tal modo que pueda proyectarse a voluntad. Cuanto menos ayuda externa tenga que usar, mayor será su nivel de habilidad. Muchas personas que se proyectan exitosamente no necesitan nada más que un lugar tranquilo, aunque muchas otras precisan alguna ayuda extra, y es aquí donde entran todas las hierbas, los aceites y otros pertrechos que estén a mano. Trate primero de proyectar sin ellos. Dese una oportunidad. Practique diariamente durante por lo menos un mes; si después necesita ayuda, agregue algún otro elemento. Por ejemplo, intente incluir una música suave para amortiguar el ruido externo y ayudar a que su mente esté más tranquila. Dese otro mes, y si aún así precisa otro elemento, procure agregar un elemento más, como por ejemplo, el incienso. Una vez que usted adquiera el manejo de tal arte, trate de ir quitando un elemento por vez, en el orden inverso en que los agregó. Con la práctica, podrá disciplinar su mente para proyectarse virtualmente en cualquier momento o lugar en el que usted desee hacerlo.

Capítulo 3

Viajar con Seguridad y Conquistar el Miedo

La proyección astral no es apreciablemente más arriesgada que un simple sueño, y hasta considerablemente más segura que salir a la calle. No obstante, la mayoría de los principiantes están precondicionados para sentir miedo ante la idea de proyectarse. Estos sentimientos puede que sean el producto de las películas de horror donde se dramatizan sucesos que poco o nada tienen que ver con las prácticas ocultistas.

El sentido común y la falta de miedo son los secretos para un viaje seguro. Una de las leyes que gobiernan el mundo astral es que las energías similares atraen a otras energías similares. El miedo sólo atraerá experiencias temerosas, de manera que este necesita ser tratado, antes de comenzar las estadías astrales.

Lo primero que debe recordarse es que usted es el que siempre tiene el control de la proyección astral, salvo que se encuentre bajo la influencia de fuertes drogas o mezclas de hierbas. Dónde vaya, con quién interactúe, así como cuándo y cómo ha de regresar a su conciencia normal, todo esto siempre está condicionado por su albedrío.

Aún con eso en mente, muchas personas que dicen estar desesperadas por aprender a proyectarse en el plano astral, se frenan y bloquean su propio progreso debido a una multitud de miedos que han acumulado en lo referente a hallarse en un estado proyectado. Estos miedos suelen corresponder a tres categorías, cada una de las cuales explicaremos en este capítulo:

1. Miedo de encontrarse con espíritus dañinos.
2. Miedo de que el cuerpo físico pueda perjudicarse, mientras el cuerpo astral está en otro lugar.
3. Miedo de perderse en el plano astral o ser, de alguna forma, incapaz de volver al cuerpo físico.

Miedo de encontrarse con espíritus dañinos

Los seres que usted podría encontrar en el plano astral son, generalmente:

1. Aquellos nativos del reino astral más elevado o,
2. aquellos habitantes del plano astral más bajo. Es importante recordar que las asignaciones "más bajo" y "más alto" no tienen nada que ver con la ubicación real en tiempo y espacio, sino con los niveles de *vibración*.

El concepto de vibración espiritual es difícil de describir en términos físicos. Se refiere a una frecuencia inherente en cada ser astral (incluyéndonos nosotros mismos cuando estamos en el mundo astral) que determina su nivel espiritual. Las frecuencias más altas vibran a un ritmo más veloz que las frecuencias más bajas (o lentas) y están asociadas con seres más avanzados. En el plano astral, lo similar atrae a lo similar; los seres con más altas frecuencias atraen a otros seres con altas frecuencias, al mismo tiempo que crean una atmósfera hostil a los seres de frecuencias más bajas.

Este concepto, probablemente es mejor comprendido cuando se compara con las ondas de radio. Una frecuencia individual de radio puede ser receptada por alguien que está sintonizado en esa misma frecuencia, como cuando usted sintoniza una estación de radio determinada. Nunca captará una estación que está transmitiendo a una frecuencia menor si usted se encuentra en el otro punto del dial, sintonizando frecuencias más elevadas. Lo mismo sucede con las frecuencias espirituales. Las vibraciones más altas pertenecen a seres espirituales más desarrollados o a seres de mayor espiritualidad, y las frecuencias menores pertenecen a los menos desarrollados o seres astralmente menores.

Ya que las frecuencias más altas vibran a un ritmo más rápido, los seres de vibraciones más elevadas son capaces de entrar en un espacio astral menos denso que las áreas sólo alcanzadas por seres que vibran a una frecuencia menor. Aunque las diferencias entre los mundos astrales superiores e inferiores no son esencialmente espaciales en su diferenciación, es verdad que los niveles astrales más bajos tiene una densidad que no se encuentra en las regiones superiores. Cuando algo vibra rápidamente, puede moverse a través de más atmósferas, tal como una sierra eléctrica que se desplaza con velocidad (mayor vibración) puede cortar más cosas que una sierra más lenta (menor vibración).

Este es el motivo por el cual es tan importante entrar en el mundo astral sin el peso de un equipaje negativo o una convulsión emocional. En un sitio donde el pensamiento es acción, y donde el propio índice vibratorio determina dónde usted puede ir y con quién encontrarse, tiene su razón de ser que usted lleve a la experiencia sólo las intenciones y los pensamientos más positivos.

Esto no significa que deba adherirse a algún conjunto arbitrario de reglas morales creadas por la sociedad en la cual vive; lo importante es que el credo por el cual usted deba vivir conserve un alto estándar de ética personal en su progreso espiritual y que no se haga daño a nadie en este proceso. La mayoría de los sistemas espirituales tiene algún tipo de ley que se refiere a esto, similar a la Regla de Oro de la Cristiandad o al "No Dañes a Nadie", del neopaganismo. Cuando su índice de vibración es alto, las entidades con las que se encuentre serán también de alta vibración.

Los sentimientos negativos y las energías negativas que sobrecargan el promedio de vibraciones, en gran parte pueden ser eliminados antes de entrar en el mundo astral. En las etapas iniciales de su proceso de meditación, cuando aún no ha empezado la proyección astral, deje que sus tensiones nerviosas, los pensamientos aleatorios, los enojos, el odio, los prejuicios, etc. se queden "en la tierra". Esto significa, visualizarlos fluyendo desde usted hacia la tierra. O puede "enterrarlos" mentalmente o encajonarlos, o verlos despedazarse y caer lejos, o cualquier otra fantasía mental que lo ayude a elevar su índice de vibración y dejar que esos pensamientos menos que positivos no se manifiesten en este mundo fluido en el que está a punto de entrar.

Recuerde a medida que viaja que, aunque el mundo astral se encuentra finalmente en la mente, aun así es un lugar muy real y los seres que viven allí son también reales. Todos tienen personalidades y sentimientos que pueden ser avasallados, si usted no tiene consideración por ellos. Existen posibilidades de que usted no se encuentre excesivamente preocupado por las entidades astrales inferiores, pero la ira de cualquier ser puede manifestarse, si alguien irrumpe en el jardín de la casa, como si acabara de organizar un golpe de Estado y fuera el nuevo dictador.

También descubrirá que le es posible mantener alejados a los seres inferiores, y la buena voluntad de los seres superiores le será otorgada si tiene sólo intenciones positivas. No ingrese en el plano astral con la intención de espiar las vidas de otras personas, al leerles los registros de sus almas (véase capítulo 11) o trabajar con intenciones perjudiciales respecto de un enemigo real o imaginario. Tales prácticas negativas repercutirán rápidamente en usted, tanto en el mundo astral como en este mundo cotidiano.

Nadie ha podido definir adecuadamente qué es en realidad una entidad inferior o dónde fue creada, pero la mayoría de nosotros —que hemos proyectado mucho— hemos visto unos cuantos. Algunos los llaman ángeles caídos, otros dicen que no son más que moradores caprichosos del mundo astral a quienes conocemos como hadas. Otros, que son formas de pensamiento descontroladas o formas humanas desencarnadas (fantasmas) que todavía no pueden desplazarse hacia otras encarnaciones, de modo que hay quienes los denominan demonios. No existe fórmula para reconocer a la mayoría de ellos, pero en el momento en que usted se sienta incómodo en la presencia de alguien que aparezca en el plano astral, o físicamente se encuentre con un ser o ese ser lo ataque físicamente, es hora de que se retire.

Para retirarse, puede alejar su cuerpo astral de este ser y desear que no lo siga. Si eso no funciona, usted puede armarse (¡recuerde que el pensamiento es acción!) y visualice cualquier arma que usted sienta que podrá vencer a ese ser. Funcionan muy bien aquellos elementos protectores que representen el fuego, tales como espadas en llamas, cuchillos calientes o íconos religiosos que tengan sentido para usted. Usted también puede que desee estar de inmediato en algún otro sitio del plano astral. Con frecuencia, los seres astrales inferiores son incapaces de hacer la transición de un lugar a otro como lo hace usted y, por lo tanto, tendrán dificultades en seguirlo. Esto es particularmente verdad si se mueve hacia una región donde el índice vibracional es más elevado, y por lo tanto, incompatible con el atacante. Para realizar este traslado al nivel astral superior, visualice pensamientos espirituales positivos, a medida que voluntariamente usted se desplaza hacia estas regiones más elevadas. No ceda ante sus sentimientos de enojo, ya que esta es una emoción negativa que puede mantenerlo dentro del plano astral inferior.

En cualquiera de estas situaciones, conviene que no desee regresar a casa de inmediato —a su yo físico— en caso de que el ser intente seguirlo hasta allí. Si usted termina volviendo a casa, ya sea por elección o por accidente, visualícese rápidamente en el portal entre el mundo astral y el físico, dando un portazo y visualice a los guardianes que necesite para sentir que ese portal está seguramente protegido contra quien quiera usarlo de nuevo. Las próximas veces que viaje astralmente, asegúrese de usar un portal distinto (véanse capítulos 5 a10), por si acaso ese ser lo está esperando en el portal anterior.

Otra forma de evaluar la intención de cualquier ser astral con el que se encuentre es simplemente mirarlo fijo, con un ojo crítico, durante un momento. A medida que los pensamientos y emociones toman forma en el plano astral, lo mismo sucede con los de los otros seres. Un aura oscura, tentáculos oscuros o imágenes negativas que emanen de cualquier ser son señales de peligro. Una amiga mía que estaba tratando a un marido alcohólico, cierta noche vio esto claramente demostrado cuando estaba volviendo de un viaje astral en el que se había embarcado, con el propósito de encontrarlo, durante un fin de semana en el que él había desaparecido.

Estaba regresando de su viaje astral, mientras iba hacia su casa. Todavía ubicada en su cuerpo astral y flotando en el living del hogar, vio que él entraba, seguido por una nube oscura que tenía manos y ojos. Había una cuerda extendiéndose desde el centro de ese ser, la cual, como un perverso cordón umbilical, fluía desde él hasta el chakra raíz de su marido.

Su primer instinto fue luchar en contra de la criatura, para separarla de su marido, pero apenas ella empezó a atacarla, se dio vuelta y le "habló" (la mayoría de los seres que son nativos del plano astral no hablan en el sentido corriente del término, sino que se comunican mentalmente en imágenes que traducimos en palabras). Le dijo que, como su marido ya no le pertenecía, no debía molestarse en agredirlo a él. Ella ignoró la advertencia y con la ayuda de su guía, pudo deshacerse de esta criatura temporalmente, pero puesto que su marido, como resultado de sus propias acciones, lo había invitado a unírsele, ella no pudo mantenerlo alejado permanentemente.

Otra forma de asegurarse que usted regresará de cada una de sus aventuras astrales, sin haber sido perjudicado por seres dañinos, consiste en detenerse inmediatamente antes de "reingresar" en usted y echar una mirada crítica tanto sobre el cuerpo astral como sobre el aura de energía diáfana que rodea a su cuerpo físico.

Si hubo algún intento por parte de cualquier ser astral negativo, de ligarse a su campo de energía, usted verá la evidencia en uno o ambos cuerpos etéricos, en forma de manchas o lazos oscuros que se conectan con los centros de sus chakras. Estas señales indican que un ser negativo ha intentado unirse a usted o que ya lo ha hecho y lo está usando como fuente de energía, de la misma forma que un vampiro busca una fuente de sangre fresca.

Estas ataduras pueden manejarse de gran cantidad de formas (según se detalla seguidamente). La experimentación le clarificará de inmediato lo que mejor funciona para usted.

Métodos para deshacerse de seres astrales negativos

1. Use un filo astral, seleccionado en su imaginación, para cortar los ligamentos y descartarlos en el vientre de la Madre Tierra.

2. Mentalmente, cree un fuego purificador a través del cual usted pasará para purificarse y remover todos los desechos astrales.

3. Haga una limpieza completa de todos los chakras y equilíbrelos como se describe en el capítulo anterior.

4. Produzca mentalmente una lluvia astral de energía de luz blanca y dorada, para limpiarlo por fuera y por dentro, y reequilibrar su yo emocional.

5. Hunda su cuerpo astral profundamente en la tierra debajo de sus pies, con el fin de poder dejar en esa tierra, eficazmente, toda la energía negativa que está ligada con usted; cuando emerja de la tierra, estará limpio.

6. Pídale a su guía espiritual (vea la próxima sección) que quite estas ligaduras o que le muestre cómo manejarlas mejor en el futuro.

La importancia del papel de los guías espirituales

Para pedir asistencia, se pueden convocar también los guías espirituales. Estos son seres benevolentes, altamente evolucionados, cuya tarea es ayudarlo en el camino de la vida, aunque usted ni sepa que existen ni los haya encontrado conscientemente todavía. Algunos sienten que estos guías son los ángeles guardianes de los cuales la gente habla tan a menudo cuando ha sido rescatada milagrosamente de una situación peligrosa, mediante una mano espiritual. Casi todos los que viajan astralmente o meditan con regularidad están conscientes de la existencia de al menos un guía, aunque por lo general, hay más de uno ligado con cada persona. Evidentemente, nosotros, los humanos, somos muchos y necesitaríamos más de un guía para que nos conduzca en nuestras vidas.

Sus guías espirituales son los guardianes y maestros personales del alma y se puede interactuar con ellos, cara a cara, en el plano astral. También lo protegen mientras viaja en el mundo astral y lo guían hacia lugares donde usted necesita ir, a fin de que encuentre cosas que precisa ver para su progreso espiritual.

Es recomendable realizar una reunión con su guía principal, al comienzo de sus experimentos en viajes astrales. Para hacerlo, simplemente deberá ir lo más profundo posible a su estado alterado de conciencia e invocarlo mentalmente para que se encuentre con usted inmediatamente después de haberse proyectado con éxito. Casi de inmediato, deberá aparecer un ser en una forma agradable. El ser puede resultarle vagamente familiar; lo ayudará en su salto hacia el plano astral.

Ya que muchas de nuestras experiencias de estados alterados tienen una característica surrealista, algunas veces puede ser difícil darse cuenta de que los sucesos son reales, igual que los seres con los que nos encontramos. Al comienzo es fácil descartar al guía que se aparece, pensando que es tan sólo un producto de su imaginación. Una de las mejores formas de diferenciar lo real de lo irreal —si tal distinción existe— es medir el estado emocional. La mayor parte de los primeros encuentros con los guías espirituales son altamente emotivos. Los elevados niveles vibracionales y los poderes del amor incondicional son cosas que la mayor parte de nosotros nunca experimentamos hasta que acontece ese primer encuentro; y los sentimientos que allí se generan pueden ser sobrecogedores. El contacto físico con el guía (abrazos, caricias, etc.) intensificarán esas emociones.

Mi principal guía espiritual primero se me apareció en una forma andrógina, mientras me encontraba en profunda meditación. Mi meta era proyectarme astralmente a un tiempo y lugar donde pudiera encontrar la raíz de un problema físico. Me llevó muchos minutos darme cuenta de que la figura era femenina, en ropas holgadas, de una clase desconocida.

Ella estaba concentrada en mí, algo que resulta discordante después de vivir en un mundo donde el compromiso para con uno mismo es la norma. Me permitió dirigir nuestras sesiones y nunca me forzó a ver algo o ir a algún sitio donde yo no quisiera, aun cuando hubiera sido lo mejor para mí. Yo tenía que tomar las decisiones acerca de dónde ir y lo que quería; sólo entonces me mostraba el mejor camino. Ella era (y aún es) infinitamente paciente, e irradia amor. Poder frenar las lágrimas en su presencia no es algo fácil.

Si el ser que se aparece frente a usted no es de una manera agradable o si de alguna forma lo hace sentir incómodo, entonces puede que esté en presencia de una entidad astral inferior, que está jugando. Si lo cree necesario, ponga a prueba al ser que aparece. Si en verdad es su guía espiritual personal, ese ser no se ofenderá. Formúlele preguntas acerca de la vida espiritual que usted tiene y que sólo su guía espiritual conoce, y hágale decir cosas que le den a usted la certeza de sus orígenes e intenciones. Esto incluye interrogantes sobre la fe y la proyección para encontrar la verdad personal. Las siguientes son señales para que usted se retire rápidamente: vacilaciones, fastidio, insultos por parte de la entidad, o cualquier intento de coaccionarlo a que haga cosas que usted no desea.

Si aun así se encuentra inseguro acerca de aquel que dice ser su guía, recuerde que no tiene que seguir a este ser porque él así lo diga, del mismo modo que no iría con alguien que usted acabara de encontrar en el mundo físico. Tómese su tiempo. Interiorícese de este ser antes de viajar con él más profundamente en el plano astral.

Nadie concuerda respecto de cómo se originó el concepto de los guías espirituales o cómo son seleccionados para desempeñar este rol, pero la mayoría reconoce que ellos realizan muy bien las tareas. Cuando existe un quiebre en la relación, somos generalmente los humanos los que nos equivocamos. Igual que con nuestras deidades, encontramos que es fácil ignorar a nuestros guías hasta que tenemos una necesidad y luego nos vemos forzados a buscar su apoyo, al habernos olvidado que si simplemente hubiéramos trabajado con ellos todo el tiempo en primer lugar, no hubiésemos estado tan mal. En esta situación soy tan culpable como cualquiera, y estoy muy agradecida de que los guías espirituales tengan, por naturaleza, paciencia, amor infinito e indulgencia.

Una de las cosas más grandes que un espíritu guía puede hacer por nosotros es guiarnos a través de ese compendio de conocimiento universal conocido como los Registros Akáshicos (léase en el capítulo 11 una visión completa de este concepto). Un guía espiritual puede mostrarle dónde buscar las respuestas a preguntas espirituales o kármicas específicamente, dónde encontrar los secretos del pasado de su alma y cómo interpretar lo que usted encuentra, de modo que pueda usarlo para mejorar su vida actual. Destrabar este conocimiento es la primera razón por la cual la mayoría de la gente desea proyectarse astralmente, y su guía espiritual puede ser un consejero invalorable.

Una vez que conozca a su guía espiritual principal, encontrará que la relación es una de las más satisfactorias de su existencia. Su guía puede enseñarle, protegerlo, ofrecer introspecciones a medida que explora el mundo astral, y presentarlo a otros guías y maestros, seres que pueden ayudarlo a tomar decisiones sabias acerca de los temas referentes a su vida.

Los niveles astrales inferiores

Algunos viajeros astrales creen que es posible caer repentinamente en reinos astrales menores con la misma facilidad con la que se puede tropezar con una trampa disimulada en el piso, aunque seguramente hasta ahora ha estado navegando sin daño alguno en las partes superiores de ese plano. Es posible que esto suceda, si usted repentinamente decide actuar con pensamientos menos positivos, pero la mayor parte del tiempo permanecerá seguro en el lado superior del borde entre los mundos astrales inferiores y superiores.

Recuerde que estas no son designaciones referidas a espacios, sino a espacios vibracionales. Los mundos astrales inferiores y superiores se superponen e interpenetran mutuamente, del mismo modo que el mundo astral se superpone con el nuestro y lo interpenetra. Aunque todo el tiempo se encuentra allí, saltar de uno a otro no es fácil.

Existe un borde entre los planos inferiores y superiores, que crean lugares donde la separación entre los dos es delgada. Es verdad que, en estos lugares, los seres inferiores pueden alcanzarlo, aunque usted en verdad no está directamente dentro de las regiones astrales menores. Sin embargo, esto no sucede tan a menudo como el "folclore" astral podría sugerir.

Ya que la atmósfera en el plano astral inferior es notablemente más densa que en el superior, algunas personas dicen que una repentina sensación de pesadez es el indicador de que usted debe estar contactándose con un área cuestionable, aun cuando no exista ninguna evidencia comprobable de que usted se encuentre en las regiones inferiores. Después de hablar con muchos viajeros astrales y de haber experimentado yo misma esa sensación, puedo decir con seguridad que esta es, generalmente, una sensación traspasada desde la existencia física, y que a menudo no es señal de que se incursionó en un sitio problemático.

El ciclo REM o sueño profundo es el mismo estado que el de proyección astral (véase capítulo 10): el mundo físico se paraliza, como un mecanismo de defensa para evitar que salte de la cama y me desempeñe como en los sueños. Creo que esta sensación algunas veces se transfiere al consciente del cuerpo astral y crea un sentimiento de desánimo. Si esto le sucede, trate de desear mentalmente que su ser astral sea liviano y libre. Esto debe producirse de inmediato. Si así no fuere, es mejor volver a su cuerpo e intentarlo más tarde, cuando su estado mental sea tal que pueda permanecer fácilmente en los niveles elevados del plano astral.

Otra cosa factible e inquietante es escuchar voces humanas pidiendo ayuda desde el mundo astral inferior. Algunas veces, estos son los espíritus de seres humanos muertos que han caído en estos sitios debido a la creencia de que este era el lugar que les pertenecía después de sus muertes. Para estos seres, es un infierno que ellos mismos crearon y del cual serán rescatados sólo con el tiempo y el conocimiento. Algunos chamanes tribales han podido rescatar a estas almas, pero no es una buena idea para que la lleve a cabo un novicio. Se trata de una práctica especializada que exige un experto control del medio astral.

También existe la posibilidad de que estas voces provengan de seres astrales inferiores que sólo desean distraerlo o atraparlo. Si escucha estos pedidos de ayuda, dígaselo a sus guías y deje que ellos manejen el problema.

Miedo de daño al cuerpo físico

El viaje astral es algunas veces definido como la separación del alma respecto del yo físico, una explicación demasiado simple, inaceptable entre los ocultistas modernos. Varias escuelas ocultistas de pensamiento, muy antiguas, enseñan que cada ser humano tiene cuatro cuerpos diferentes: el cuerpo físico, el cuerpo astral o emocional, el cuerpo mental y el cuerpo espiritual o alma. A grandes rasgos se conceptualizan como interpenetrantes y superpuestos, donde los cuerpos más livianos, más evolucionados espiritualmente, dominan la parte superior del cuerpo.

Cuando usted proyecta su cuerpo astral o su conciencia emocional, deja atrás no sólo el caparazón físico sino también el cuerpo mental (el aspecto analítico, intelectual) y el cuerpo espiritual (lo que pensamos que es el alma o la fuerza que da vida, la cual es más capaz de alcanzar el reino de lo divino).

Estos cuerpos —el mental y el espiritual— no dejan de funcionar mientras su yo astral explora otros lugares: quedan funcionando y pueden ofrecer protección física y psíquica al cuerpo inerte. También son los medios a través de los cuales usted retiene el hilo de la conciencia de su yo físico mientras usted se proyecta, al mismo tiempo que le permite estar inmediatamente alerta en caso de que surja una emergencia que requiera toda su atención. Aun con estos otros dos cuerpos en estado de alerta, a muchas personas les gusta dar a su físico algún otro medio de protección para los peligros físicos y los ataques psíquicos.

Una de las mejores maneras de proteger su yo físico es emplear el mismo método que utiliza para proteger su yo astral de ser atacado por energías dañinas: deshacerse de pensamientos y sentimientos negativos, antes de iniciar el viaje. Visualícelos cómo se deshacen y se desvanecen desde su yo físico en algún lugar entre su meditación y la real proyección astral.

Existen otras dos formas para asegurarse de que su área de trabajo sea privada, que no será molestado y que sus esfuerzos se mantendrán en la intimidad. Es cuestión de sentido común no permitir que ingresen intrusos en el cuarto donde está su cuerpo dormido. Los ruidos inesperados que estos produjeran, lo despertarían repentinamente, dando lu-

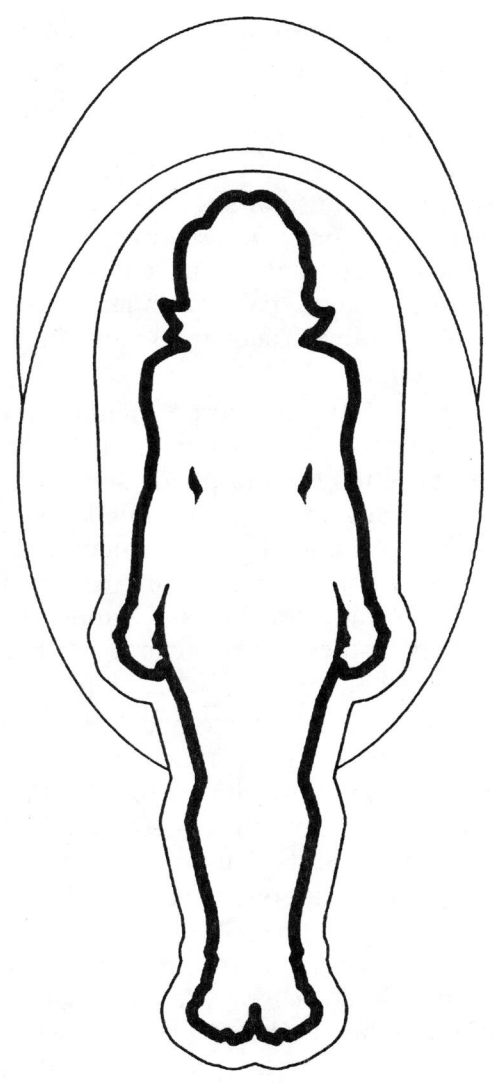

Figura 4: Conceptualización de los Cuatro Cuerpos

gar a lo que se denomina un *restablecimiento rápido*, donde de inmediato el cuerpo astral se reúne con los otros cuerpos, en vez de hacerlo lentamente, como es preferible que suceda. Esta condición no es dañina pero sí muy desagradable y similar a la sensación de ser despertado repentinamente de un sueño profundo o de un mal sueño. Hay igual cantidad de posibilidades de ser dañado físicamente por un intruso, tanto mientras viaja astralmente como cuando duerme. Existe la posibilidad de que alguien desee dañarlo; su cuerpo mental lo traerá a un estado alerta de total conciencia, tan pronto como sienta el peligro.

Se suele pensar que el cuerpo mental es sinónimo de aura humana, el huevo brumoso de luces de colores que rodea a todo ser viviente. El aura puede ser vista por aquellos que han sido entrenados para verla, y puede fotografiarse con un equipo especial. Se trata de un barómetro del estado físico y mental; su color y condición es un indicador de la personalidad, la salud y el estado emocional. Cuando vigorizan mentalmente esta fuerza antes de proyectarse, aumenta la eficacia en su defensa.

Otras cosas que usted puede hacer para sentirse segura mientras proyecta es rodearse con otro tipo de huevo protector, uno de energía vibratoria alta e impenetrable. Esta es una vieja práctica que, generalmente, se enseña también a los alumnos de meditación profunda. A medida que relaja su cuerpo y se prepara para alterar su conciencia, simplemente visualice este huevo, rodeándolo. Quizás desee verlo como ubicado allí por una deidad o guía espiritual, o puede mentalmente visualizarlo como extraído de la generosa energía de la tierra bajo sus pies, o que cae como un haz del cielo. Si necesita dar color a su energía a fin de que sea real para usted, trate de usar blanco o dorado, que son colores tradicionales de protección, según varios círculos ocultistas. Este huevo áurico no será visible para ningún ojo humano, al menos que la persona sea altamente psíquica, pero será real en el plano astral y podrá verlo en su lugar, si usted se proyecta desde el cuarto donde usted permanece acostado. Cuanto más lo visualice en su lugar, más fuerte será.

Tal vez desee también tener con usted, en su cuerpo físico, algún objeto que simbolice protección. Por ejemplo, una pieza de joyería religiosa, un libro sagrado, un amuleto o talismán, o el símbolo de una deidad. Ninguno funciona mejor que otro. La eficacia del objeto que elija depende exclusivamente de la fuerza que usted siente respecto del objeto como fuente de energía protectora.

En ocasiones, uno escucha historias acerca de personas que se han encontrado con accidentes mientras viajaban astralmente y que, cuando despiertan, sus cuerpos físicos muestran la evidencia del encuentro astral. Tales historias son extrañas y no he visto ninguna documentación respecto de ellas, pero creo que se trata de una creación de la mente. El cuerpo astral no puede lastimarse de la misma forma que el cuerpo físico. El cuerpo astral puede traer al cuerpo físico cicatrices emocionales o ataduras con seres negativos, como si fueran hilos que, con el paso del tiempo, pueden afectar el yo físico, pero por ejemplo, no puede ser atropellado por un coche y dejar al yo físico lastimado, al menos que usted crea firmemente en la posibilidad de que esto sea verdad.

Si tiene dudas acerca de que la mente es lo suficientemente fuerte como para lograr esto, entonces no va a lograr tanto éxito en los viajes astrales como le gustaría (ó en cualquier tarea ocultista). La mayoría de la gente que está en un nivel profundo de la espiritualidad alternativa o de la filosofía de la Nueva Era de cualquier tipo, ya está consciente de que la mente puede sanar o generar enfermedades. A menudo, este conocimiento no es más que una conciencia intelectual; el alumno no se da cuenta de que el eslabón entre la mente y el cuerpo se refuerza en el plano astral mediante la conexión emocional forjada entre ellos por el yo astral. Si a usted lo atropella un auto en el plano astral, y realmente cree que su cuerpo se ha lastimado, seguramente se lastimará. Descanse seguro, porque la mayoría de nosotros nunca tendrá estos problemas. Son muy altas las posibilidades de que usted está plenamente consciente de su yo astral como cuerpo espiritual y no como cuerpo físico; al igual que la mayoría de los recién llegados, se deleitará cuando mire que las cosas materiales pasan a través de usted como si en realidad no estuviera allí.

Si usted se "lastima" en el plano astral, simplemente retírese de la escena del accidente y recuérdese que se encuentra allí en forma espiritual y que su yo físico está lejos y seguro. Dedique unos momentos a visualizar su yo astral curándose de todas las heridas y convirtiéndose en puro y entero, nuevamente. Dígase que, a medida que hace esto, cualquier lastimadura en el cuerpo físico también se está sanando, y que regresará a un cuerpo sano y seguro en cuanto se haya completado el viaje astral.

Miedo de perderse o ser incapaz de regresar

Ocasionalmente, alguien tendrá una experiencia de proyección astral en la cual surge la sensación de que algo está bloqueando el camino de regreso al cuerpo físico; o puede producirse la sensación de estar perdido en el mundo astral e incapaz de encontrar el camino de regreso. Estos sucesos son relativamente extraños, cuando se comparan con la cantidad de viajes exitosos. Las historias de horror que se han generado al respecto, han hecho que mucha gente tema las proyecciones astrales.

Cualquier estado alterado de conciencia, incluyendo el que experimentará durante la proyección astral, comparte similaridades con la hipnosis clínica. Básicamente, usted está buscando realzar y concentrar su conciencia para excluir otras distracciones. Pero aun cuando usted sea normalmente lo que se llama *sujeto de nivel profundo* en la hipnosis (es decir, alguien a quien le resulta difícil despertar de este estado, sin ayuda) su conciencia de proyección astral permanecerá totalmente bajo su control. Como una protección agregada, tal vez desee condicionarse con un *botón astral de regreso automático*. Esta es una palabra o frase que, al ser utilizada, lo llevará a despertarse automáticamente. Al igual que con el huevo protector, cuanto más lo use, más poderoso se volverá. Como botón de retorno, me gusta utilizar la frase: "Estoy de vuelta en casa". El solo acto de pensar o decir estas palabras astralmente, me despierta de inmediato.

Para fijar su botón de retorno propio y automático, simplemente recurra a una palabra o frase disparadora, y repítase a usted mismo varias veces que esa palabra o frase en particular lo despertará inmediatamente. Piense en una frase corta, positiva, y en tiempo presente. Las afirmaciones en tiempo presente son una práctica ocultista común. Estas convencen a su mente de que lo que desea ya está sucediendo, que es parte de su realidad actual. Armar oraciones en tiempo futuro puede que deje la intención también para el porvenir, siempre fuera de su alcance. Por ejemplo, cuando necesita regresar a su estado despierto rápidamente, usted no quiere decir: "Iré de vuelta a casa". Su inconsciente puede simplemente responderle: "Bien, claro. ¿Cuándo?" y mantenerlo en ese lugar donde usted se encuentra, hasta que despeje la confusión.

Esta programación para un regreso automático se hace mejor inmediatamente después que usted se encuentre cómodamente en un estado alterado de conciencia, pero antes de intentar la proyección astral. Dedique varios minutos a concentrarse en esta imagen verbal. Permítase ver estas palabras mentalmente, de manera que la función intencional pueda imprimirse en las mentes consciente e inconsciente.

Este botón de regreso automático sólo debe usarse en aquellas situaciones donde se sienta asustado o tenga la impresión de que es incapaz de regresar a su conciencia normal por otros medios. En la mayoría de las circunstancias, usted saldrá de sus proyecciones mediante el mismo método que le sirvió para ingresar. Esta es otra práctica ocultista ampliamente aceptada. No sólo es una manera suave y delicada de despertar sino que cuando usted deshace algo exactamente en el orden inverso de la forma en que lo hizo, le quita a su mente crítica consciente el poder de decirle que lo que usted está haciendo no tiene sentido. De esa forma, no puede interferir con la práctica. Por ejemplo, si usted abandona el cuerpo desde el chakra de la coronilla, esa es la ruta por la cual usted regresará. Si sigue el camino del arco iris o el camino hacia una cueva en el mundo astral, ese es el camino por el cual retornará otra vez.

Conservar el rastro de todas las marcas y elementos visuales que encuentre a lo largo del camino, tanto a la ida como a la vuelta de los viajes astrales, pueden ser señales para el camino de regreso. Si alguna vez comienza a perderse, regrese a su yo astral y rehaga los pasos.

Otra forma rápida para salir es el deseo de estar de regreso a casa. Con el riesgo de parecer repetitiva, nunca se olvide de que en el plano astral, el pensamiento es acción. Que usted desee estar en algún otro lugar es la forma más simple para viajar. Hágalo inmediatamente, desplazando su enfoque desde la experiencia astral hasta su cuerpo. Una vez que imagine que su conciencia ha retornado a su cuerpo y recobre el sentido de su yo físico, puede abrir los ojos.

También puede pedirle a su guía que lo ayude a volver, si pierde el rastro de las marcas anteriores o se da cuenta de que el acto de desear volver a casa está bloqueado. Esté atento al hecho de que estos bloqueos generalmente provienen de miedos que habitan nuestra propia psique y no de cualquier siniestro habitante perteneciente al mundo astral. Estos bloqueos se producen ocasionalmente y nuestros guías están bien equipados para ayudarnos a superarlos. Por lo general, el guía lo ayuda a rehacer los pasos y le da la seguridad que necesita para reingresar en su estado de conciencia de vigilia.

Algunas personas dicen que están conscientes de un cordón plateado o hilo etérico luminoso que conecta el cuerpo físico con el astral. Si usted es uno de los que ve esto, simplemente sujétese del hilo y sígalo hasta llegar a destino, en caso de sentirse perdido. Hay mucho folclore alrededor de este hilo, el cual se conoce como el que vincula el cuerpo y el alma. Muchos creen que si el hilo se daña o corta, el alma se suelta del cuerpo y el cuerpo muere. Nunca he visto este hilo ni sé personalmente de nadie que lo haya visto, aunque he leído innumerables informes describiéndolo.

Con el tiempo, he estado **indecisa** acerca de la naturaleza de esta línea de vida. Una de ellas es que es un constructor del subconsciente, una especie de cobertura mental de seguridad de la cual sostenerse mientras se viaja a lo desconocido. La otra es que el hilo puede ser una señal de un tipo diferente de proyección donde el cuerpo mental o partes del cuerpo espiritual se integran. Pero, como nadie jamás ha visto este hilo o se ha preocupado por su condición, no debe ser uno de los miedos que lo frene.

Unas cuantas personas se preocupan acerca de cómo les afectará ver sus cuerpos físicos desde una perspectiva externa. Temen que cuando vean sus propios cuerpos desde afuera, entrarán en pánico, huirán y se perderán sin posibilidad de retornar.

Habiendo experimentado la proyección astral en distintos escenarios, puedo decir con seguridad que no es un hecho que provoque miedo sino que para muchos de nosotros, convalida la experiencia astral. Delo por seguro, es una sensación extraña; puede ser inquietante o sorprendente para alguien que no sabe nada de viajes astrales y puede temer que acaba de morir. Pero para aquellos de nosotros que estamos informados, esto no es un problema. Por el contrario, puede ser fascinante mirar el propio cuerpo dormido, desde afuera de sus límites.

Miedos de la limpieza y el condicionamiento mental

A esta altura, deberá quedarle claro que uno de los mayores impedimentos para el Éxito en cualquier tarea ocultista son los propios miedos y obsesiones. Debido a esto, recomiendo enormemente lo que denomino sesiones de limpieza o purga, seguidas en la mayoría de los casos por simples ejercicios de condicionamiento para eliminar estos bloqueos antes de que estos impidan su progreso.

Para comenzar, haga unas cuantas anotaciones en su registro astral, acerca de las cosas que usted más teme de este proceso. Puede ser desde los miedos más comunes ya mencionados hasta sus terrores más profundos. Trate de ir más allá de esos primeros pensamientos que llegan a su mente y realmente penetre en su propia mente. No es fácil para la mayoría de nosotros admitir nuestros miedos, y menos aún escribir palabra por palabra respecto de ellos.

Conserve sus miedos en mente, diríjase al lugar donde hará la proyección, recuéstese o siéntese cómodamente. Haga unas profundas respiraciones y relájese. A esta altura, no hay necesidad de moverse hacia un estado alterado, aunque puede encontrarse desplazándose hacia tal dirección durante este ejercicio.

A continuación, imagine que usted se ha proyectado y que se mueve con libertad en el plano astral. Mire cada detalle, como si fuera el director de un show de televisión que tiene lugar en su cabeza. Cuando se halle cómodo con su visión interna, dé el pie para el siguiente miedo, que aparecerá en escena. Véase interactuar con este miedo o aléjese de él, o conviértalo en bueno, o cualquier otra cosa que piense que haría en caso de que apareciera.

Debe estar consciente de que este no es el tipo de visualización que va a incentivar estas imágenes mentales en su vida. Por el contrario, abordándolas ahora en un estado no proyectado, pero con toda su imaginación involucrada en el proceso, usted está trabajando a través de sus miedos y haciéndolos desaparecer de todos los niveles de su ser. Cuando deja de tener miedos, libera la energía magnética que los atrae hacia usted. Para ser breve, al habérselas con este problema antes del viaje astral, usted logra dos cosas:

1. Le muestra a su mente consciente —ese crítico que siempre trata de evitar que usted haga cosas— que usted es capaz de manejar esas situaciones y

2. desde su subconsciente, libera el miedo que se encuentra subyacente, esperando abalanzarse cuando menos lo imagina.

Cuando haya terminado de tratar cada uno de los miedos o bloqueos, dele muerte mientras lo ve esfumarse mentalmente. Esto puede hacerlo de varias maneras: puede verlo desvanecerse y desaparecer o bien mentalmente dibuje una X que lo cruce o déjelo hundirse inofensivamente en la tierra, explotar, etc. Cualquier actitud que deje en su subconsciente la certeza de que el problema ya no existe. Una vez que ha logrado esto, respire profundamente y permita que su mente libere estas visiones.

También debe dedicar algo de tiempo a "practicar la proyección", un proceso que condiciona su mente para ver el mundo desde otros puntos de vista. Esta es la manera en la que probablemente verá el plano astral, cuando ya se haya proyectado, aunque puede ser desconcertante la primera vez que sucede. Algunas personas hasta lo encuentran molesto o como una ensoñación, y no están seguros de que su proyección sea legítima.

Manteniendo los ojos cerrados, seleccione mentalmente algunos objetos inanimados del cuarto donde se encuentra y, uno por uno, simule que su conciencia acaba de saltar desde el cuerpo hasta ese objeto. Usando la imaginación y los ojos mentales, trate de ver su entorno desde el punto de vista de ese objeto estático. Es mejor elegir objetos que le puedan dar una variedad de distintos puntos de vista para comparar.

Trate de memorizar lo que ve y, cuando vuelva a abrir los ojos, párese al lado de estos objetos y mire alrededor para ver la exactitud con la que fue capaz de imaginar el aspecto del cuarto desde ese ángulo. Si bien esto es principalmente producto de su imaginación en acción, su subconsciente empezará a condicionarse para permanecer en un estado de proyección y, si usted entrara en un estado alterado al hacer esta experiencia, hasta puede llegar a confirmar algunas cosas que vio, que le dirán que en realidad, usted estuvo astralmente proyectado, aunque sólo por un momento.

Resumen de los hechos

En los días de la Gran Depresión, el presidente Franklin Delano Roosevelt resumió exactamente la naturaleza paralizante del miedo cuando anunció al mundo que "no hay nada que temer más que el miedo mismo". El miedo nos deja inmóviles, incapaces de actuar o pensar claramente. Nubla nuestro juicio, confunde nuestros esfuerzos y nos hace vulnerables para aquellos que abusan de los débiles. Lo peor de todo es que nos impide tener el coraje de luchar por nuestras metas.

El coraje no es la ausencia de miedo, sino la decisión de avanzar ante el miedo y vencerlo. Es el espíritu de perseverancia. A medida que continúa practicando los viajes astrales, usted llegará a darse cuenta de que es totalmente capaz de manejar cualquier emergencia tanto en el plano físico como en el astral, y sus miedos se desvanecerán. ¡Tenga coraje!

Capítulo 4

Las Llaves del Éxito

Existen diversos métodos a los que se puede recurrir para lograr la proyección astral; sin duda, algunas técnicas funcionarán mejor para usted que otras. Aunque encuentre muchas similitudes en los métodos, la mayoría de las personas descubre que viajar astralmente es un arte muy individual, y usted pronto hallará que ciertos aspectos deben ser adaptados para acomodarse a sus necesidades. El mejor camino al éxito es experimentar hasta tanto encuentre el camino o los caminos que concuerdan con su yo interior y le permiten entrar fácilmente en el plano astral. A medida que lea las instrucciones detalladas de los diferentes métodos de proyección astral —en los próximos seis capítulos— podría lograr una inmediata sensación de esta concordancia.

A la inversa, usted puede que necesite experimentar con todas las técnicas hasta descubrir la más conveniente.

La primera clave: Concentración

Para ser justo con el método que usted eligió inicialmente, prométase darse al menos un mes antes de pasar al siguiente. Algunas personas aprenden esta proyección exitosamente en unas semanas, mientras que otros necesitan años. No permita que lo descorazone el tiempo que le lleve. Cualquier cosa valiosa precisa tiempo y sus esfuerzos serán compensados. No sé de nadie que no haya logrado en algún momento tener éxito con la proyección astral siempre que haya hecho un esfuerzo honesto y consistente. Hay otros tres consejos que pueden ayudarle a mantenerlo exitosamente concentrado en la meta.

1. Conozca y controle su estado mental.
2. Tome inmediato control de su dirección.
3. Conserve fuertemente su compromiso emocional.

Conozca y controle su estado mental

El controvertido ocultista Aleister Crowley (1875 - 1947) acuñó el término *voluntad sin voluntad*, lo cual significa el estado mental necesario para operaciones ocultistas exitosas. Siempre he pensado que esta es una descripción perfecta. En un aspecto, usted necesita mantenerse concentrado en su meta (la voluntad), pero al mismo tiempo debe esforzarse para que esa conciencia sólo se fije en las tensiones de su cuerpo y de su mente que puedan obstaculizarlo. De manera que usted necesita lograr un cierto sentido de desprendimiento del esfuerzo (*sin voluntad*).

Al principio, esto parece simple. Sin embargo, descubrí que este es uno de los estados de la mente más difíciles para aprender. En mi caso, tan intenso era el deseo de viajar astralmente que cuando al fin sucedió, mi ansiedad fue tanta que terminé de regreso en mí mismo, y empezando todo de vuelta. Sólo cuando pude deshacerme de la desesperación y dejar que simplemente sucediera con una *voluntad sin voluntad*, me fue posible controlar el proceso.

Cuando usted descubre por primera vez que tuvo éxito o está a punto de tenerlo, trate lo más posible de mantener una actitud muy indiferente al respecto, como si el éxito fuera el esperado y no menor de lo que usted merece.

Tome inmediatamente el control de la dirección

Cuando por primera vez piense que ha viajado astralmente con éxito, no debe tener temor de participar en la creación de su mundo astral. Más que intentar un rápido retorno al cuerpo, debe pensar de inmediato en formar las escenas que desea ver en su mente. Permita que su ser astral esté allí. No se preocupe si piensa que está engañándose o inventando cosas a medida que avanza. El mundo astral es tan fluido como el pensamiento: dele un empujón y confíe en que lo va a encontrar, a mitad de camino.

La mejor forma de mantener su posición dentro del plano astral es comprometer su mente en una escena o suceso con el cual se pueda involucrar emocionalmente; es aquí donde esos fantásticos ejercicios internos del capítulo 2 ven sus resultados. Una vez que se halle emocionalmente involucrado en una escena —mientras permanece en un estado proyectado— encontrará que usted creó una plataforma de lanzamiento en el plano astral desde la cual puede viajar a cualquier sitio y en cualquier momento.

Conserve fuertemente su compromiso emocional

Cuando usted se libera por primera vez de los confines de su consciente físico, es mejor transferir inmediatamente su conciencia a otro lugar. Esto se puede hacer mediante otro vehículo astral u otro lugar o tiempo, el tiempo que desee, mientras sea un lugar importante para usted. Son muchos los principiantes a quienes se les enseña a transportar a un doble astral su cuerpo físico y dejarlo flotar alrededor del cuarto, mirándose a sí mismo. Su mente consciente e inconsciente probablemente preguntarán: "¿Cuál es el sentido de hacer esto?". Para algunos viajeros astrales, esta visión es tranquilizadora, pero para la mayoría de nosotros parece obstaculizar el progreso.

Recuerde que el cuerpo astral se llama también cuerpo emocional. Esta conexión no se puede sobreexagerar. Cuanto más se involucren sus emociones en los esfuerzos de viajes astrales, más fácil serán esos esfuerzos. Ver el cuarto donde está su cuerpo tendido puede ser difícil, porque en ese momento se está produciendo poca conexión emocional, a no ser que usted albergue profundos miedos con respecto a abandonarlo. Es mucho mejor y más fácil descubrir un sitio en el reino astral, donde todo puede encontrar interés y emoción; usted tendrá así menos dificultades en conservar allí su conciencia concentrada.

La segunda clave:
Ganar confianza al medir el éxito

Los principiantes, a menudo se frustran con sus primeros esfuerzos de viajes astrales porque, aunque saben que algo diferente les está sucediendo, no están seguros de si están teniendo éxito o no. Desgraciadamente, no existe forma en que otra persona pueda responder a esa pregunta difícil. Sin embargo, hay nueve aspectos de control que pueden ayudarlo a decidir por usted mismo.

Primer punto de control:
Perciba cualquier sensación después de "salir" del cuerpo

Esté preparado y consciente de la experiencia, del hallazgo de imágenes inusuales, sonidos o sensaciones, a medida que su yo astral y físico empiezan a separarse. No importa si usted está consciente de eso o no; si alguna vez padeció un trauma físico o un fuerte dolor, probablemente tuvo experiencias similares. Piense acerca de cómo en ese momento parecía sentirse levemente separado de usted mismo; cómo los recuerdos se tornaban difusos, como si estuviera mirando a través de una nube, y cómo en ese momento todas las imágenes y sonidos a su alrededor parecían distantes e imprecisos. ¿Recuerda aquel momento en que empezó a sentirse mejor y de repente todo se volvió más claro para usted? Puede ser que la vaguedad haya sido causada por su yo astral (emocional) mirando hacia su cuerpo a través del espacio astral, a medida que buscaba un lugar seguro donde esconderse hasta que la prueba hubiera pasado.

Existen tres fenómenos que aparecen individualmente o juntos, que suelen estar presentes en los viajes más exitosos: sensaciones de mareo, luces y sonidos.

Sensaciones de mareo. El primer fenómeno que a menudo se experimenta en el umbral de la proyección astral es una sensación de movimiento. Esto, a menudo, ocurre aun cuando la proyección no haya sido totalmente exitosa. Entre el momento que lleva alcanzar el nivel más profundo de estado alterado que usted logrará y el momento de la real proyección del yo astral, muchos practicantes informan haber experimentado una sensación de mareo. Es similar a ser mecido en un bote, aunque sin que se presente la náusea. Algunas personas experimentan que esta sensación es literalmente el doble astral separándose del caparazón físico.

Un consejo para ayudarlo a realizar la separación final de la conciencia física es simplemente flotar junto con el sentimiento, sin tratar de forzarse más. Siempre he disfrutado de la sensación y me pareció agradable pasar por ella hasta el final. Si usted puede permitirse sentirse atrapado por la suave sensación del mareo sin hacer el intento de dirigirlo, frecuentemente encontrará que la separación se da naturalmente, un poco después.

Luces. El segundo fenómeno es ver pequeñas luces de colores a medida que se ingresa en el plano astral. Muchos libros ocultistas las consideran "luces astrales", pero pocos intentan definir lo que podrían ser. Siempre sentí que eran una creación de la mente, a medida que ingresa en un estado alterado más profundo, similares a las luces que a veces se ven destellando detrás de los párpados cuando uno empieza a dormirse. Es suficiente decir que estas luces, generalmente son señales de que usted ha pasado exitosamente a otro plano de conciencia.

Sonidos. El tercer fenómeno, el del sonido, es el más extraño de los tres, pero aun así ocurre con bastante frecuencia, por lo tanto usted debe estar alerta. Justo antes o después de la completa separación del cuerpo astral, muchos viajeros astrales informan que han escuchado un zumbido similar al de un enjambre de insectos en una noche calurosa de verano. Algunas veces, el zumbido adquiere un sonido musical, aunque atonal, y puede sonar como un coro de voces incorpóreas murmurando inarmónicamente. La primera vez que los escuché, estos ruidos sonaban como si me hubieran sido susurrados en los oídos. No estaba preparada para esto, por eso me sobresalté y salí de mi estado alterado.

Hay muchísimas explicaciones del origen de estos sonidos astrales. Se han atribuido a tensiones en la atmósfera astral donde se ha hecho lugar para que usted sea admitido, o a la presencia de hadas que habitan el espacio astral —también llamadas espíritus de la naturaleza— o bien a espíritus que sobrevuelan cerca de los límites de ambos mundos, quizás para proteger esos mundos: humanos desencarnados, espíritus de los difuntos que tratan de llamar la atención de los viajeros astrales que todavía tienen cuerpos físicos. Las "caras" detrás de los sonidos nunca se han revelado a nadie de mi conocimiento, de modo que tome sus presencias simplemente como una señal de que se ha proyectado astralmente con éxito, pero no permita que lo distraigan de su estado alterado.

Segundo punto de control:
Compare su experiencia con la definición

Usted se ha proyectado astralmente *en cualquier momento en que su conciencia esté inmersa en otro tiempo y/o lugar del que se encuentra su cuerpo físico.* Aun cuando retenga alguna conciencia de su yo físico mientras se proyecta, eso no significa que su yo astral y todo lo que está experimentando en el mundo astral no sea igualmente real. Para los principiantes, es difícil de entender que debe haber una aceptación de ambos mundos —el astral y el físico— donde los dos son lugares reales, que existen simultáneamente; que hay dos aspectos del verdadero yo, cada uno está en un lugar diferente y atravesando una experiencia distinta. El proceso de aceptación dual puede ser atacado más aún por el hecho de que usted, a menudo está consciente de su cuerpo físico y el entorno, mientras se encuentra en el mundo astral.

Una vez me involucré intensamente en un viaje astral en el cual mi guía espiritual me mostraba las respuestas a un asunto fastidioso. Mientras mi guía estaba haciendo eso, yo estaba consciente de que había lágrimas saliendo de mi cuerpo físico, pero esto de ninguna forma obstaculizó la claridad de la visión astral. Acepté ambos mundos como reales y la reacción de mis dos seres ante los hechos que se desarrollaban también era la adecuada. No tenía dudas de que en ese momento me estaba proyectando astralmente.

Tampoco tome como fracaso si sus proyecciones tienen cualidades de sueño. Los sueños no son nada más que proyecciones astrales incontroladas y, al igual que aquellos, las proyecciones astrales pueden parecer muy surrealistas. Parte de esto está provocado por el aspecto "el pensamiento es acción", del plano astral. Otra forma en la que los sueños y las proyecciones astrales se asemejan es que la claridad de ambas tiende a desvanecerse después de despertarse, al menos que la experiencia sea registrada en detalle. Los principiantes, más que los viajeros astrales avanzados, encuentran que este desdibujamiento de las imágenes astrales es un problema. Luego, los principiantes tienden también a cuestionar la validez de sus experiencias, de manera que resulta esencial conservar un registro.

Siéntase cómodo pensando que, con la experiencia, sus proyecciones astrales serán más vívidas y mejor recordadas, y será más fácil ponerlas en perspectiva una vez que usted despierte de ellas. Con el tiempo, hasta aprenderá a categorizarlas por su claridad, calidad, qué recuerdos dejan, y otras características. Yo tengo una jerarquización de cualidades de viajes astrales que utilizo para evaluar mi experiencia. Hago esto inmediatamente después de completar el viaje astral, cuando todavía mis impresiones de la totalidad están frescas.

Algunas veces, no importa lo bien que nos concentremos en un viaje astral especial (por ejemplo, ir a un lugar o tiempo específico), el yo astral tiene sus propias ideas acerca de lo que desea hacer. Siempre que usted pueda ser capaz de controlar algún aspecto de la experiencia, es probablemente un viaje astral válido. Con este escenario, trato de mirar todos los aspectos de la experiencia y luego intento acomodarla en una de estas cuatro amplias categorías:

1. Se inicia el contacto de un espíritu por un pariente o amigo difunto.
2. Otros seres astrales inician su contacto.
3. Se produce una regresión espontánea a vidas pasadas.
4. Un guía espiritual controla el viaje para enseñarme algo.

Tercer punto de control:
Registre el punto de vista de su viaje astral

Si usted está viajando astralmente y puede ver sus alrededores desde perspectivas especiales —tales como los ojos del yo astral o desde lo alto de la escena— estas son buenas señales que indican éxito. Poder ver sus proyecciones desde el punto de vista del cuerpo astral, sin forzar la perspectiva, es una señal excelente de que usted está viajando astralmente de verdad.

Los ocultistas solían enseñar que esta última perspectiva —la distante, que también se denomina vista amplia o remota— era una señal de que usted no se estaba proyectando exitosamente, pero yo y otras muchas personas hemos visto estas proyecciones de esta forma demasiado a menudo como para no tenerlas en cuenta. Pienso que mucho de este cambio en perspectiva tiene que ver con la influencia de la televisión y las películas; estamos evidentemente muy acostumbrados a seguir al personaje principal (el personaje del punto de vista) desde afuera del cuerpo del personaje. Vemos desde lejos y vemos al personaje principal (cuyos pensamientos y sentimientos adoptamos) desde afuera. De esta forma, hemos aprendido a identificarnos con los personajes, sin ocupar el mismo espacio físico. Tenga en cuenta que su compromiso emocional en la visión que usted tiene es un barómetro más exacto que el simple punto de vista.

También, registre cualquier escena que usted vea desde puntos de vista simultáneos. Este fenómeno se denomina *visión omnisciente* y, literalmente, puede darle ojos hasta en la nuca. De pronto, puede advertir que es capaz de ver en un área de 360°, o que se encuentra viendo el mundo simultáneamente desde dos sitios opuestos, tales como desde su cuerpo astral y desde los ojos de alguien más que está presente. Estos son excelentes indicadores de que usted está proyectándose astralmente. Si encuentra que estos puntos de vista lo inquietan, desee fuertemente quitarlos de la mente, o use el viejo truco ocultista de cubrir con una capucha o sombrero o alguna otra prenda, los ojos que no desea.

Cuarto punto de control:
Controle el fenómeno de la distorsión de tiempo

El pensamiento ocultista más común parece aceptar la teoría de que todo lo que usted ve o experimenta en el plano astral está realmente sucediendo en forma simultánea, sólo que su mente consciente lo experimenta secuencialmente. Esto correspondería a nuestro conocimiento actual acerca de la naturaleza del tiempo, como así también a los descubrimientos en muchos estudios referentes a sueños y memoria.

El tiempo no existe fuera de nuestro tiempo físico; pregúntele a cualquier físico. En el mundo astral, usted experimenta el tiempo así como es: omnipresente. No hay ni pasado ni futuro, sólo la percepción del mismo, lo que explica por qué puede ver vidas pasadas mediante proyecciones astrales. En el plano astral, las cosas parecen suceder muy rápidamente o muy despacio, aunque será incapaz de diferenciarlo, hasta que despierte. Si encuentra que ha pasado más o menos tiempo del que pensó que había transcurrido durante la proyección, entonces tuvo éxito.

También, si regresa de su viaje astral sintiendo que realmente ha estado lejos, y que los alrededores son lugares que ha extrañado, es también una buena señal. Recuerdo una noche en que volví a mi conciencia normal y descubrí que me había ido por cinco horas. Sentía como si hubiera estado viajando. Tenía ese sentimiento de "¡Qué felicidad estar en casa!" que se apodera de uno cuando se ha estado de viaje por mucho tiempo. Estaba cansada —como lo está cualquier viajero— y energizada.

Si experimenta distorsiones de algún tipo, sin importar

qué pequeño o grande pudiera ser, dé por seguro que está teniendo éxito.

Quinto punto de control:
¿Qué es lo que puede controlar en su viaje astral?

Si encuentra que puede controlarse a sí mismo más y más, pero está menos y menos capacitado para controlar o predecir las acciones de otros seres astrales, entonces usted está proyectando exitosamente. Cuando usted se proyecta astralmente por primera vez, siente que puede controlar todo y que hace todo a medida que avanza. Al adquirir experiencia y viajar más profundamente en el mundo astral, comenzará a darse cuenta de que hay otros seres que reaccionan hacia usted de la misma forma en que los seres físicos reaccionan a su yo físico. No será capaz de controlarlos, a la inversa de lo que sucede en una ensoñación o en una fantasía controlada. Esto también es una pauta de éxito.

Sexto punto de control:
Sea cauteloso al tratar de verificar inmediatamente sus experiencias astrales

A algunas personas les gusta trabajar con un compañero, a fin de evaluar la validez de sus experiencias sobre viajes astrales, y astralmente viajarán a sus mutuos hogares para ver lo que sucede y luego hacer que el compañero verifique los hechos. Esto no siempre funciona tan bien como usted espera que suceda. El problema mencionado antes, acerca de la distorsión del tiempo, hace que sea difícil la coordinación de sucesos del mundo físico con hechos del reino astral intemporal.

Probé este tipo de experimento con una amiga, cuando estaba aprendiendo a controlar mis proyecciones, y la primera escena con la que me encontré fue tan real que corrí al teléfono para describírsela con lujo de detalles a mi compañera, quien me informó con tristeza que estaba equivocada. Me sentí vencida y comencé a dudar de mí y de mis habilidades, hasta que mi compañera me llamó unas horas más tarde para decirme que los hechos de los que había sido testigo habían sucedido en los últimos minutos. Hubo algunos errores. Por ejemplo, había descripto a mi amiga bebiendo una taza de té cuando, en realidad, la estaba viendo al lado de una pava humeante, para aliviar los síntomas del resfrío con el que estaba luchando.

En la mayor parte, estaba viendo todo con exactitud, pero me estaba olvidando del factor tiempo. Si la diferencia de tiempo entre estos dos hechos hubiera sido de algunas horas, nos hubiéramos olvidado de todo y no hubiésemos establecido la relación.

El hecho es que uno puede probar estos experimentos, pero sea precavido con respecto a determinar que los esfuerzos realizados en su proyección astral han fracasado simplemente porque no posee verificación inmediata del mundo físico.

Séptimo punto de control:
Sea cauteloso al comparar sus experiencias astrales con los demás, más allá de su nivel de habilidad

Comparar sus experiencias del plano astral con las de sus amigos es de utilidad sólo si usted busca aprender de ellos y no tenerlos como un estándar para usted. Cada uno tiene experiencias levemente distintas al viajar y una manera apenas diferente, en la que perciben su disociación de los cuerpos físicos.

La amiga y compañera de trabajo que mencioné tiene experiencias notablemente diferentes de las mías. Tiende a quedarse en el mundo presente, con gente y lugares conocidos. Yo, por otro lado, a menudo me encuentro en el pasado o en lugares distantes donde jamás estuve.

Parte de esta diferencia se atribuye a las metas que cada uno de nosotros fija para nuestras experiencias en proyecciones astrales, como así también a nuestros variados intereses y patrones de pensamiento personal. También experimentamos la ley del "pensamiento es acción", de distintas maneras. Para ella, es simplemente una forma de pensar "Yo me pregunto qué sucedería si hiciera esto", y luego se encontraría inmediatamente realizando la actividad. Para mí, es una cuestión de pensar acerca de lo que sucedería si cierta acción me aconteciera, y luego me encuentro automáticamente haciendo lo que tenga que hacer para que esa acción se produzca.

Ella actúa y yo "soy actuada". Ambos hechos se inician en nuestros pensamiento y ambas son proyecciones astrales válidas.

Octavo punto de control:
Sea cauteloso de los anacronismos y manifestaciones de otros aspectos de usted mismo

Aun en el mundo astral, usted continúa siendo la suma de la totalidad de su ser. Aunque su cuerpo astral puede ser el que en primer lugar tiene la experiencia, usted todavía tiene un yo físico, un yo mental y un alma, cada uno de los cuales tiene en alguna medida, participación en la aventura astral. No importa lo absorto que esté usted en el plano astral, no se sorprenda si ocasionalmente encuentra rarezas de tiempo o lugar, o la conciencia de otras vidas ingresando (del pasado, presente o futuro): todas ellas son claramente creaciones de sus otros yo. No deje que estos lo molesten y no les permita convencerlo de que en realidad, usted no está viajando astralmente.

Al principio, tuve muchas dificultades con los anacronismos, en ese espacio de tiempo que había proyectado. Aunque la experiencia astral en su totalidad era clara y fácil de seguir, siempre permitía que algún defecto me confundiera, a tal punto que no pudiera continuar. Me llevó mucha experimentación y la intervención de mi guía junto con otros viajeros astrales, aprender que la hipercrítica estaba simplemente impidiendo mi progreso.

A menos que las anomalías sean constantes y extremadamente surrealistas —lo cual podría indicar que se ha dormido y está soñando— regístrelas como son y considere su viaje astral válido.

Noveno punto de control: Cuidado con el número dos

En raras ocasiones, los viajeros astrales informan haber visto un segundo yo astral, es decir, otro yo igual al que conscientemente se ha proyectado astralmente. Este doble, a veces, se denomina con el término alemán *doppelgänger* o con el nombre en inglés antiguo, *fetch*. Ninguno de los dos términos es el adecuado para explicar lo que esto es en términos astrales, ya que tanto en el folclore germano como en el anglonormando, para aquellos que todavía estaban en el mundo físico significaba un presagio de la muerte cercana.

He visto a mi doble astral varias veces, tanto al principio o al final de mi viaje, y creo que es una manifestación del yo mental o espiritual que está afuera, pero aún conectado con el cuerpo físico. Aparece al comienzo o al final del viaje porque, por naturaleza, debe permanecer más cerca del cuerpo que el yo astral, el cual tiene más libertad para viajar. Esto parece confirmar la teoría de que este otro yo puede simplemente estar extendiéndose para proteger al yo físico hasta que el cuerpo astral regrese, y eso es una manifestación de que está presente en la mayoría de los estados alterados, pero que no siempre es suficientemente concreta para verse con ojos astrales.

Si usted ve alguna vez un *doppelgänger*, la primera vez lo va a sorprender. A mí me pasó. Con mi cabeza llena de misteriosas leyendas europeas, inmediatamente tuve la sensación de ser despertada de golpe, lo cual se asocia con un rápido despertar del estado alterado. La experiencia era como cuando uno sale de una pesadilla: respiración agitada, reorientación hacia el mundo de la vigilia y el alivio de que todo está bien.

Si su *doppelgänger* aparece cuando se encuentra flotando en los límites del mundo astral, tenga la seguridad de que no le hará daño.

Resumen del capítulo

Espero que este capítulo le haya enseñado a no ser demasiado crítico en cuanto a los esfuerzos de sus viajes astrales. Cada vez que hablo con gente acerca de aprender tal arte, a menudo encuentro en sus descripciones de frustración que hay muchas claves que me revelan que en realidad, de alguna forma están teniendo éxito. A menudo, ellos pierden estas pistas, a causa de sus concepciones equivocadas respecto de lo que son los viajes astrales o porque están comparando sus experiencias con otros.

La siguiente sección de este libro examina los métodos detallados para lograr proyecciones astrales; cada uno de estos afectará el tipo de proyección que usted realice. Si puede ser menos crítico de usted mismo y permanecer abierto a estas distintas posibilidades, usted descubrirá que es mejor en las proyecciones astrales, de lo que pensaba.

Segunda Parte

Seis Métodos para la Proyección Astral

Capítulo 5

Método 1 de Proyección Astral:
Transferencia General de Conciencia

El aspecto principal que resume la proyección astral es desplazar la conciencia, o nuestro punto de vista interno, hacia otro lugar. Algo obvio, ¿no es verdad? Debería serlo, pero se sorprendería de la cantidad de personas que en su intento de aprender acerca de viajes astrales fallan en cuanto a poner ese conocimiento en funciones, en los primeros intentos. A menudo, la idea que sustenta la orientación de la propia perspectiva se comprende intelectualmente, pero en la lucha emocional por abandonar el cuerpo, el concepto de desplazamiento queda a menudo a un lado y se lo reemplaza por una técnica de flujo de conciencia, a veces denominada *técnica del despegue*, un método que casi siempre está destinado al fracaso, por razones que pronto resultarán claras.

Transferencia general de conciencia

El método de *transferencia general de conciencia* en la proyección astral es la alternativa exitosa y el fundamento de los métodos que se verán en este libro. La *transferencia general de conciencia* es un método por mérito propio y un peldaño para otras técnicas, de manera que si no logra capturar su imaginación por sí mismo, por favor tómese el tiempo para entender sus conceptos como así también el pro y el contra. Llegar a entender estos principios le seguirá sirviendo positivamente a medida que adquiera experiencia en el plano astral.

La técnica de *transferencia general de conciencia* nos permite construir un vehículo aparte, dentro del cual podemos transferir nuestros yos astrales, antes de salir a explorar el plano astral. Aunque es similar a la *técnica del despegue*, mencionada antes, hay una diferencia fundamental.

El método de la *técnica del despegue* no es generalmente enseñado por maestros ocultistas experimentados porque rara vez, o nunca, funciona bien. La idea detrás del despegue es desear que el yo astral se separe del físico mediante *un seguimiento mental del progreso del yo astral* mientras se desprende hacia arriba y fuera del cuerpo. Lo que inevitablemente produce es forzar la mente a concentrarse en el centro de gravedad del cuerpo físico y en una secuencia de hechos conscientes y no en el yo astral y su desplazamiento de conciencia ya realizado.

La transferencia general del método de conciencia omite las áreas difíciles que centran la atención en el cuerpo físico, el cual, inevitablemente, causa dificultades en el viajero. Por el contrario, la atención se dirige hacia el vehículo astral, centrando la concentración en el espíritu.

Por desgracia, el método de despegue es una técnica en la cual los principiantes depositan sus esperanzas. Yo intenté utilizarlo cuando en un comienzo procuraba proyectarme astralmente. Recuerdo que mientras lo estaba haciendo, las visiones en mi mente eran del frente de mi cuerpo físico y no de mi yo astral. Insistía en ver mi doble astral elevándose desde mi cuerpo en un esfuerzo por flotar, de manera que ponía la atención sólo en el cuerpo y no en realizar el desplazamiento del cuerpo físico al astral.

Aunque debo haber estado consciente del problema en algún nivel, aun así esperaba que tan sólo con desear que saliera bien, sentiría que mi cuerpo astral haría la transición simultáneamente, de pies a cabeza. Mirar en retrospectiva me permite ver los defectos de esta idea, pero por entonces, desperdicié muchas noches y mucha energía en algo que tenía muy pocas posibilidades de funcionar.

Si usted es un principiante que desea permanecer cerca de la seguridad que le da su yo físico a medida que aprende a proyectarse —y muchos lo hacen— entonces puede darle resultado esta transferencia general de conciencia a otro vehículo. El hecho de que tal tipo de transferencia exija que su destino (el vehículo astral) esté en un principio cerca de su cuerpo, le proporcionará seguridad.

Sin embargo, este hecho puede ser un obstáculo, ya que significa que su deseo de proyectarse debe ser excepcionalmente fuerte. De otra manera, usted no podría tener el nivel de conexión emocional necesaria relacionada con su lugar de destino para interesar al yo astral a que viaje allí. Salir de la corteza física para flotar y ver esa corteza tendida, no es muy atractivo para el yo emocional, de manera que deberá darle algunas charlas mentales incentivadoras, de modo que pueda iniciarse en la proyección. A pesar de esta única dificultad, la transferencia general del método de conciencia de la proyección astral continúa siendo popular y muchos ocultistas lo enseñan, con una enorme variedad de nombres.

Crear un vehículo astral

Para poder ingresar en el reino astral, se necesita un cuerpo astral o un vehículo astral. Este es el vehículo en el cual su conciencia se trasladará durante el método que acabamos de discutir: la transferencia general del método de conciencia. Muchos ocultistas le asignan diferentes nombres:

- Simulacro
- Homúnculos
- Observador
- Ojos astrales
- Elemental
- Cuerpo de luz

Antes de ingresar en su estado alterado y preparar el viaje, necesita dedicar algo de tiempo a decidir cómo desea visualizar su vehículo astral. Con el fin de ser claros, nos referiremos a él como *Cuerpo de luz*. Algunos prefieren visualizarlo como un doble astral de su propio cuerpo físico, ya sea que se trate de una réplica exacta como de un estado idealizado. Otros prefieren verlo como una esfera de luz dorada o blanca. Algunos ven sólo la cabeza y visualizan el resto del cuerpo como una parte vestida y sin formas debajo.

Por el momento, le recomiendo especialmente que evite tomar formas de animales o la apariencia astral de otras personas vivas o muertas. Estos vehículos son ciertamente posibles de conseguir en el plano astral, aunque a menudo son difíciles. Los ocultistas experimentados y los chamanes emplean frecuentemente estas técnicas, pero ellas presentan una gran cantidad de dificultades para las que el principiante no está probablemente preparado.

Tomar la figura del cuerpo de un animal nos lleva al reino de los cambios de forma, un arte chamánico que puede alterar drásticamente la conciencia y el comportamiento del que asume la forma. Si la persona que asume la forma no está en un completo control de las energías que adquiere, la energía animal asumirá el control y conducirá al viajero a lugares y situaciones que puede no estar preparado para manejar.

Tomar la semejanza de otra persona es otro arte ocasionalmente usado por el diestro chamán y se conoce popularmente como *invocación*. La forma del vehículo presenta problemas semejantes para el principiante. También puede llegar a ser una violación de la voluntad de la persona cuya semejanza se utiliza, sobre todo si la meta es utilizar esta semejanza para evitar la culpa, al mismo tiempo que se realizan acciones negativas en el plano astral.

El concepto y respeto de la voluntad es el hilo conductor común que une las escuelas ocultistas de pensamiento más importantes, y también muchas religiones y espiritualidades. Cada escuela o fe delinea el castigo a enfrentar en caso de producirse esta transgresión, y son todas similares en su afirmación de que el daño realizado, de alguna manera le será devuelto al causante del mismo, una y otra vez. Por el momento, ajústese al simple Cuerpo de Luz con su propia forma o a una simple esfera.

La transferencia del proceso de conciencia

Para comenzar a trabajar con este método, diríjase a un sitio tranquilo y privado donde pueda hacer su proyección astral. Realice los preparativos que prefiera: encienda incienso, desvístase, use un talismán, escuche música suave, aumente la calefacción para sentirse más abrigado, etc. Colóquese en la postura en la que haya elegido trabajar, ya sea sentado o acostado, y tómese unos momentos para asegurarse de que está lo suficientemente cómodo como para mantener esta posición por lo menos durante una hora. Si no es así, efectúe los cambios ahora. Si hace los cambios más tarde, puede salirse inintencionadamente de su estado alterado o romper el flujo de su visualización, de forma abrupta.

Cuando esté seguro de que se halla confortable y abrigado, cierre los ojos y haga unas respiraciones profundas. A medida que empiece a liberar la tensión física, también libere de la mente, cualquier pensamiento, sentimientos o intenciones negativas. Con cada respiración, siéntase relajarse y libérese de las energías negativas de cualquier tipo. Tal vez desee visualizar esto de alguna manera que tenga significado para usted (vea lo ya expuesto acerca de relajación progresiva).

Continúe respirando despacio, asegurándose de que cada parte de su yo físico se relaja. Como principiante, tal vez necesite dedicar diez o veinte minutos para concentrarse en cada parte del cuerpo en particular, deseando intensamente liberarse. Las técnicas empleadas en esta técnica de relajación progresiva están explicadas en el capítulo 1. Hasta que se acostumbre a la sensación de relajación total, puede no darse cuenta de que hay ciertos grupos musculares que todavía están tensos, al menos que se concentre específicamente en ellos y trabaje para relajarlos. No hay necesidad de apurarse. Tómese el tiempo que necesite.

Cuando se sienta totalmente relajado, comience a usar cualquier método que haya elegido para el logro de un estado alterado de conciencia. Puede ser contar, respirar, usar un mantra, etc. No se preocupe acerca de la profundidad que alcance en este estado en este punto. La proyección astral no requiere un estado ultraprofundo, y muchos experimentados practicantes juran que los niveles más livianos son los mejores. En esta etapa, vaya a donde, para usted, sea natural ir. Con el tiempo y la práctica, su estado alterado se hará más fácil y más rápido, y naturalmente, más profundo también. Por ahora, tómese el tiempo que necesite.

Cuando sienta que está donde necesita estar mentalmente, está listo para comenzar a construir su Cuerpo de Luz. Ya deberá tener una imagen clara de la forma que desea tomar. A unos pies de distancia de su cuerpo físico en descanso, imagine su Cuerpo de Luz comenzando a tomar forma.

Proyecte en él, no sólo su propia energía mental sino también la energía proveniente de la tierra debajo de sus pies o del cielo. Este es un viejo truco ocultista. Usted nunca agota su propio almacenamiento de energía cuando emprende alguna tarea ocultista, sino que confía en aquella energía que se encuentra en la naturaleza —en la Madre Tierra y en el Cielo eterno sobre su cabeza— para ayudarlo a darle la forma que desea. Para hacerlo, simplemente establezca una conexión mental con la fuente de la cual sacará la energía, y luego visualice un río de energía moviéndose desde la fuente hasta el objeto que está cargando (tal como el Cuerpo de Luz). No se preocupe por algunas "obstrucciones", tales como pisos y techos. La energía divina inherente en la creación de la cual usted busca sacar energía, no puede impedirse por cosas comparativamente insustanciales tales como los componentes estructurales de su hogar. Sin embargo, si estos impedimentos le molestan, puede hacer mentalmente un agujero o ubicar un tubo a través del cual la energía pueda moverse. En algún momento, usted se sentirá cómodo con el hecho de que esto ya no es necesario.

A esta altura de sus esfuerzos, el tiempo habrá dejado de tener significado para usted; todas las referencias de tiempo realizadas en las instrucciones a partir de este momento, son sólo como guía. Por ejemplo, cuando utilizo el método del Cuerpo de Luz, generalmente me lleva alrededor de cinco minutos adecuar este vehículo. En tiempo real, no tengo idea de cuánto lleva. Como principiante, necesitará de diez a veinte minutos para prepararse totalmente y visualizar su vehículo astral.

Una vez formado el Cuerpo de Luz de manera agradable y cómoda para usted, cuando ya esté sólido y estable, cárguelo mentalmente con su tarea. Esta antigua práctica de otorgarle una tarea al Cuerpo de Luz se denomina *palabras de poder*. Es la afirmación de que estamos haciéndonos responsables de nuestras acciones. Cada vez que estemos creando algo en el mundo astral, debemos tomar la responsabilidad del mismo mientras dure su existencia. Además, debemos deshacerlo cuando ya se haya cumplido el propósito.

El permitir que su creación quede suelta hasta morir por sí misma por su propia falta de energía de la cual nutrirse, puede causar alguna de estas dos cosas. Podría seguirlo a usted por todos lados, haciendo ruido o creando lugares "espesos" en el aire, que le darían la sensación de estar perseguido. O quizás, sin su guía, podría correr alocadamente por el plano astral y crear problemas para otros viajeros astrales o para su propio cuerpo astral. Respecto de los otros viajeros astrales, esto sería un comportamiento irresponsable y maleducado, igualmente que para los otros seres que viven en el plano astral. Es como si alguien le dejara a usted a un hijo en la casa, sin avisarle, y luego no pasara a buscarlo durante meses.

Dígale a su Cuerpo de Luz qué es lo que debe hacer para usted. Elija cuidadosamente las palabras, y luego diríjalas mentalmente al Cuerpo de Luz. Haga que las instrucciones sean simples y claras. No use vocabulario florido —puede ser malinterpretado— y asegúrese de respaldar sus palabras con visualizaciones claras de lo que desea. Los pensamientos claros como los que se encuentran en las visualizaciones significan que usted está usando un lenguaje simbólico y este es el lenguaje mejor comprendido en el plano astral. En esta instancia, la tarea del Cuerpo de Luz será la de facilitar un vehículo astral para la exploración, después de la cual volvería seguro al lugar de origen.

Ahora usted está listo para transferir su conciencia al Cuerpo de Luz, que es el sitio donde son útiles los ejercicios de condicionamiento para la mente. Desplace su percepción desde el cuerpo físico hasta el Cuerpo de Luz. No trate de seguir el trayecto paso a paso en la parte exterior del cuerpo, como en el siempre falible método del despegue. Esto puede conducir a una sobreexigencia sobre el cuerpo y no en la conciencia astral. A medida que sienta que su conciencia tiene la idea de estar en algún otro lugar, permítale que se desplace adentro del Cuerpo de Luz. Una vez que pueda ver los alrededores desde la perspectiva del Cuerpo de Luz, sabrá que ha tenido éxito.

Puede necesitar varios intentos antes de que experimente esta sensación de su conciencia de estar en otro lado. Ponga a prueba su transferencia de conciencia mirando en su derredor, de a ratos, para ver desde qué punto de vista se ven su cuerpo físico o el del Cuerpo de Luz. Si este es su primer intento de proyección, puede que no logre sostener su conciencia en el Cuerpo de Luz por mucho tiempo. No deje que esto lo frustre. Siga practicando, haciendo que su conciencia se transfiera al Cuerpo de Luz y trate de mantenerla ahí el mayor lapso posible.

Primero, no trate de alejarse del lugar donde se ha formado su Cuerpo de Luz. Permita que su conciencia mire los alrededores del área inmediata, desde una posición estática. Hasta tanto llegue el momento en que usted se acostumbre a tener su conciencia en otro lugar, el moverse lo enviará inmediatamente hacia usted mismo, y deberá empezar todo de nuevo.

Pero recuerde también que usted ya no está restringido por los límites de su cuerpo físico, y que sus ojos pueden girar 360° completos, para ver todo lo que lo rodea, sin mover su "cabeza" para nada. Todo esto es el fenómeno de visión omnisciente mencionado en el capítulo 4. A veces, los viajeros astrales verán el mundo de esta manera, sin importar a dónde miren. Algunos encuentran que esto es emocionante y liberador, pero para otros resulta desconcertante. Si usted ve que le resulta incómodo, colóquese simplemente una máscara o un sombrero detrás de sus ojos mentales, para que cese la visión omnisciente.

Una vez que sea capaz de mantener su conciencia dentro del Cuerpo de Luz, puede dirigirla a cualquier otro lado. Usted no debe seguirlo metódicamente fuera del área y verlo moverse a través del cielo raso, sobre el vecindario y otros lugares, aunque puede hacerlo si lo desea. Tan sólo propóngase estar dondequiera que desee viajar, e inmediatamente será transportado por su vehículo astral. No se preocupe si se desliza de su Cuerpo de Luz en algún lugar alejado. Si su conciencia abandona el Cuerpo de Luz, enseguida regresará a su yo físico.

Cuando haya finalizado su exploración y esté listo para terminar, desee mentalmente hallarse de regreso en el mismo lugar donde creó el Cuerpo de Luz. Una vez allí, permita que su conciencia vuelva al yo físico. Lo único que se necesita es desearlo mentalmente. Si comienza a "observar" los alrededores desde el punto de vista de su yo físico, eso también dará resultado.

Ahora debe deshacer su Cuerpo de Luz. Primero visualícelo como si se derritiera y hundiera inofensivamente en la tierra, debajo de usted. En muchas escuelas ocultistas, la tierra ha sido usada como instrumento para enterrar energías no deseadas o en exceso. A algunos practicantes les agrada ver al Cuerpo de Luz reabsorbiéndose en sus propios cuerpos físicos. El razonamiento detrás de esto tiene que ver con la retención de niveles completos de energía personal y con la adquisición de una memoria más clara de experiencia astral. Si desea experimentar para saber si esto funciona, por favor, hágalo. El método es menos importante que el resultado final. Lo valioso aquí es que se tome el tiempo necesario para deshacer totalmente aquello que usted creó.

Cuando el Cuerpo de Luz se retire, comience a ganar conciencia de su yo físico. Reconozca mentalmente la existencia de su cabeza y cuello, su pecho y estómago, y así continúe en forma descendente hasta los pies. Una vez que tome conciencia de todas estas partes, empiece a flexionar sus manos y pies, y lentamente abra los ojos.

El último paso en este proceso de regreso es sellar el portal que usted creó entre los mundos físicos y astrales, mediante algo que celebre a su yo corporal. Haga ruido, coma, haga el amor o cualquier otra cosa que reafirme su existencia. Si lo desea, puede tocar el piso y visualizar la energía excedente desapareciendo de usted. Quizás piense que un viaje astral es una experiencia cansadora, pero en realidad se energizará en el proceso y puede ser que le cueste acomodarse durante unas horas después de la experiencia. Por esta razón, es importante echar en la tierra las energías excedentes.

No se olvide de registrar las experiencias, éxitos, fracasos y otras impresiones, en su registro mágico o en su diario ocultista, para consultarlo posteriormente.

Abrir los ojos astrales

Una variación de este método de transferencia de conciencia es una práctica conocida como enviar los *Ojos Astrales* o *el Observador*. Esto le permite recoger impresiones psíquicas a través de su yo astral, que usted puede asimilar y analizar más tarde, sin tener que hacer en realidad un desplazamiento en la conciencia. En otras palabras, aun cuando le fuera problemático hacer un viaje astral completo, está disponible para usted esta posibilidad de recoger información remota.

Tal variante tienta a muchos que desean espiar a los demás. Siempre debe recordarse que aunque está temporalmente separado de nosotros, esto no significa que sea un ser separado. Los Ojos Astrales son una extensión de nuestro yo y somos responsables de sus traslados. Si envía a los Ojos Astrales con intenciones negativas, pueden producirse cualesquiera de estos tres hechos:

1. Usted será expulsado por los guías y guardianes espirituales de la persona a la cual espía.
2. Se le darán impresiones falsas, molestas, o que harán que usted actúe inapropiadamente, al basarse en información equivocada.
3. Será invadido a su vez por otros seres astrales que desearán espiarlo a usted o que de alguna manera violarán su voluntad.

A fin de comenzar a experimentar con los Ojos Astrales, siga todos los pasos anteriores para formar el Cuerpo de Luz. Quizás desee alterar levemente su visualización y permitir que el vehículo astral tenga la forma del lente de una cámara o un gran ojo, en vez de una esfera de luz. Luego, en vez de desplazar su conciencia hacia él, sujételo mentalmente a su chakra del tercer ojo y visualice una soga larga y elástica uniéndolos. Vuelva a la figura 3 (pág. 42), si ha olvidado dónde se encuentran los siete chakras principales.

El chakra del tercer ojo es el más asociado con las habilidades psíquicas, y hace de receptáculo perfecto para cualquier impresión que los Ojos Astrales recojan. En un lenguaje claro y preciso, o en imágenes mentales, dígales a los Ojos Astrales dónde quiere usted que vayan y qué quiere que descubran. Envíe los Ojos Astrales mentalmente por sí mismos. Luego, salga de su estado alterado de conciencia y haga su rutina habitual.

Más tarde, regrese a su estado alterado y convoque a los Ojos Astrales, para su regreso. Le recomiendo que no espere más de veinticuatro horas entre enviarlos y traerlos de regreso. Usted no debe dejar pasar mucho tiempo, ya que cualquier creación astral, si no se alimenta de una dosis de energía renovada, comenzará a perder impulso. Después que pasa un día, los Ojos Astrales comienzan a debilitarse y el poder de recoger información para luego transferírsela a usted, se perjudicará.

Después de haber vuelto de su estado alterado, pida que los Ojos Astrales regresen al lugar donde usted los formó. Cuando aparezcan, deles tiempo para terminar de filtrar en su mente todas las últimas impresiones que recogieron en sus viajes, luego, desármelos de la misma forma como lo hubiera hecho si usted hubiese transferido realmente su conciencia en ellos. Además, deshaga la soga que conectaba los Ojos Astrales con usted. Tal vez desee visualizar que los arroja dentro de su tercer ojo, o bien puede querer que se debiliten y hundan en la tierra, debajo de sus pies.

Permanezca en su estado alterado y ponga atención en las impresiones recibidas. Se sorprenderá de lo exactas que son. Por alguna razón desconocida, las impresiones y visiones adquiridas con este método parecen corresponderse mejor con los hechos que tienen lugar en el tiempo del mundo físico y son más fáciles de verificar que con otras formas de proyecciones astrales. Aun así, es inteligente no ser exageradamente crítico de sus esfuerzos si no encuentra una correspondencia inmediata entre los hechos de los mundos astrales y físicos.

Consejos y sugerencias generales para el método de transferencia de conciencia

Aun cuando en algún momento, usted descubra otros métodos para realizar viajes astrales que estime mejores, recomiendo sinceramente que, como principiante, dedique su tiempo a practicar con el método de transferencia de conciencia en un Cuerpo de Luz. Esta técnica no sólo imprimirá en usted el concepto total del desplazamiento de la conciencia sino que es una buena experiencia para aquellos viajeros astrales tímidos que, al principio, no desean más que simplemente flotar por el cuarto en el cual están descansando y asegurarse a sí mismos que realmente van a estar bien. Mediante esta experimentación, usted adquirirá destrezas importantes y confianza astral.

Cada método de proyección astral tiene usos que son adecuados para determinadas circunstancias. Encontré que la transferencia de conciencia en un Cuerpo de Luz funciona óptimamente para aquellos que desean viajar en el presente a lugares que ya conocen o lugares que no están a una distancia mayor de algunos cientos de kilómetros. También surte efecto en aquellos que tratan de adivinar información acerca de alguien amado pero distante con quien de otra manera sería imposible comunicarse. Por alguna razón, el método de Cuerpo de Luz parece hacer visible el cuerpo astral ante quienes son psíquicamente sensibles, y dicha pareja puede ser capaz de confirmar haberlo visto a usted en realidad, o haberlo sentido cerca.

Hay varias formas para ayudarlo a tener éxito con este método. En general, encontrará que la mayoría de los inciensos que ofrecen ayuda para la realización de los estados alterados, serán también útiles en este caso. Entre ellos se encuentra ajenjo[1], sándalo, jazmín, o corteza de poplar. También puede ser útil una infusión suave de artemisa pegajosa[2], hierba gatera[3], o valeriana, pero deberá saber que ninguna de ellas tiene buen sabor. La hierba gatera y la valeriana pueden ser fuertemente sedantes, y esta última tiene un olor horrible si no se mezcla con menta. Cualquiera que sea la que use, asegúrese de variarla levemente, para no crear dependencia. Si no está seguro acerca de cómo se pueden formar estas dependencias, deberá leer nuevamente el capítulo 1.

---

[1] Ajenjo es un cannabis suave, tóxico si se consume en exceso.
[2] Artemisa pegajosa no debe consumirse durante el embarazo.
[3] La hierba gatera no debe consumirse durante el embarazo.

Si su meta es exclusivamente enviar los Ojos Astrales, trate de encender una vela púrpura, azul o plateada entre el momento en el que envía los Ojos Astrales y el momento en que los regresa. Tenga precaución con las velas; nunca las deje arder sin estar controladas. Estos colores están asociados con la percepción psíquica. Tener la energía de la llama combinada con las energías del color, que luego se grabará en su mente a medida que ve arder la vela, reforzará la conexión entre su tercer ojo y los Ojos Astrales. Otro consejo es cargar o "programar" trozos de plata para ayudar a su psique a absorber la información enviada por los Ojos Astrales. Para programarlos, sosténgalos en sus manos, infundiéndoles su energía personal mientras usted se concentra para sincronizarlos con su meta. Haga esto durante varias noches, antes de tratar de usarlos como ayuda para la proyección astral. Los trozos de plata pueden ser utilizados o colocados en el área del tercer ojo, en cualquier momento durante la proyección astral.

Resumen

Debe quedar claro, después de leer este capítulo, que estas técnicas ocultistas pueden usarse más allá de una proyección astral. Constituyen una sólida base sobre la cual usted puede construir sus habilidades psíquicas, y además, le enseñan conceptos importantes acerca de la naturaleza de la visión y de los movimientos astrales que seguirán colaborando con usted a medida que gane experiencia.

Los cinco métodos descriptos en los capítulos siguientes, de alguna manera se fundamentan en este. Si no se siente cómodo con las prácticas e ideas de este capítulo, continúe trabajando con ellas. No desperdiciará el tiempo.

Capítulo 6

Método 2 de Proyección Astral:
Proyectar a Través de los Chakras

Los siete chakras son centros de energía que suben y bajan por la columna vertebral del cuerpo físico (según expresiones en el capítulo 2). Son puntos conocidos como salidas, para aquellos que buscan proyectarse astralmente. Durante años, entre los principiantes se produjeron verdaderas batallas acerca del chakra mejor o más seguro para utilizar, pero en verdad, cualquiera de ellos puede darle resultado a usted, lo cual depende de sus afinidades personales y de la condición física. Si necesita un recordatorio de dónde se ubica cada chakra, consulte la figura con la distribución de los chakras, en página 42.

Algunos viajeros astrales creen que proyectarse desde alguno de los chakras inferiores (plexo solar, ombligo o raíz) los enviará directamente a los reinados más bajos, pero que hacerlo desde el chakra coronario lo enviará a la presencia de Dios o al reinado de las deidades.

Hay un libro muy popular sobre dicho arte, que recomienda especialmente el uso del chakra del plexo solar, debido a su conexión con el poder de la voluntad y su ubicación central en el cuerpo. Otro libro, que enseña ideología ocultista femenina, sugiere que el chakra del ombligo es el mejor, especialmente para las mujeres. Una amiga mía insiste en que ella sólo puede sacar su yo astral desde la nuca, un área conectada con el chakra de la garganta. En diferentes épocas utilicé todos los chakras para las proyecciones astrales y aunque algunos me parecían que lo hacían más fáciles que los demás, debido a afinidades personales, todos ellos funcionaron y ninguno me ha condicionado a terminar en un sitio donde no quería.

Lo que *sí* lo condicionará problemáticamente es cualquier idea preconcebida que usted lleve consigo como experiencia. Si está totalmente convencido de que salir a través del chakra del ombligo lo empujará hacia los mundos astrales más bajos, entonces eso es precisamente lo que sucederá. Esto tiene que ver, de nuevo, con la naturaleza fluida del plano astral. En este mundo de emoción, donde el pensamiento se transforma inmediatamente en acción, tal cosa no debería ser una sorpresa.

El chakra que elija para comenzar la experimentación debe basarse en sus sentimientos personales acerca de la energía y, asimismo, tener en cuenta cualquier dolencia física en relación con ese chakra. Si usted sufre de un problema de salud relacionado con un chakra determinado, la energía no va a ser tan potente como podría serlo en otro; por lo tanto, puede resultarle más difícil utilizar la energía psíquica de ese chakra como punto de salida de su conciencia astral.

La siguiente tabla es un listado de energías y enfermedades comunes asociadas con cada chakra; la presencia de cualquiera de estas dolencias podría indicar que el chakra correspondiente tiene algunos bloqueos o un flujo de energía temporalmente desvastado. Por favor, recuerde que no es una lista para diagnosticar y tratar sus enfermedades físicas. Su propósito es ayudarlo a determinar cuál de sus chakras es el más fuerte. El chakra más fuerte (indudablemente, usted puede tener varios chakras fuertes) es el mejor candidato para sus primeros experimentos en proyecciones astrales. Si reconoce sus propios síntomas en la categoría "dolencias", entonces el chakra que se asocia con él está debilitado.

Medir la potencia del chakra

Chakra	Energías	Dolencias
Raíz	sexual, atávica, de contacto con lo terrenal	Colon espástico, molestias crónicas estomacales, fluctuaciones de peso, artritis
Ombligo	fuerza de voluntad, deseo	Depresión, infertilidad, indigestión crónica
Plexo solar	afán adquisitivo, generosidad	Alteraciones sanguíneas, diabetes, paranoia
Centro del Corazón	amor	Desequilibrios emocionales, alergias, problemas cardíacos, problemas de presión sanguínea
Garganta	comunicación	Desórdenes en garganta, problemas de oído y de audición, resfríos crónicos, disfonía
Tercer ojo	psiquismo	Problemas en la vista, desórdenes en el sueño, problemas dentales, dolores de cabeza, ronquidos, y las "nuevas" enfermedades: síndrome de fatiga crónica, fibromialgia
Coronario	conexión con el yo superior	Desórdenes mentales, desajustes químicos, cánceres, desórdenes neurológicos, pérdida de memoria

Una vez que haya seleccionado el chakra que usará en su exploración astral, regrese a la meditación para limpieza y equilibrio del chakra, según lo descripto anteriormente. Memorice los pasos de manera que pueda aportar esas destrezas al método de los chakras para la proyección astral.

El método de los chakras
para las proyecciones astrales

Para comenzar a trabajar con este método, diríjase a un sitio tranquilo y privado, donde pueda hacer su proyección astral. Realice los preparativos que prefiera: encienda incienso, desvístase, use un talismán, escuche música suave, aumente la calefacción para sentirse más abrigado, etc. Colóquese en la postura en la que haya elegido trabajar, ya sea sentado o acostado, y tómese unos momentos para asegurarse de que está lo suficientemente cómodo como para mantener esta posición por lo menos durante una hora. Si no es así, efectúe los cambios ahora. Si hace los cambios más tarde, puede salirse de su estado alterado, sin intención, o puede romper el flujo de su visualización, de forma abrupta. Una vez que sea diestro en estas proyecciones, tendrá amplitud para mover su yo físico mientras mantiene la mayor parte de su concentración en la experiencia astral, pero para los principiantes, generalmente esto es muy destructivo.

Cuando esté seguro de que se halla confortable y abrigado, cierre los ojos y haga unas respiraciones profundas. A medida que empiece a liberar la tensión física, también libere cualquier pensamiento, sentimientos o intenciones negativas de la mente. Con cada respiración, siéntase relajarse y libérese de las energías negativas de cualquier tipo. Tal vez desee visualizar esto de alguna manera que tenga significado para usted (vea lo expuesto acerca de relajación progresiva, mencionada antes, para tener algunas ideas).

Continúe respirando despacio, asegurándose de que cada parte de su yo físico se relaja. Como principiante, tal vez necesite dedicar diez o veinte minutos para concentrarse en cada parte del cuerpo en particular, deseando intensamente liberarse. Hasta que se acostumbre a la sensación de relajación total, puede no darse cuenta de que hay ciertos grupos musculares que todavía están tensos, al menos que se concentre específicamente en ellos y trabaje para relajarlos. Si necesita rever los pasos de esta relajación progresiva, por favor, relea el capítulo 1. No hay necesidad de apurarse. Tómese el tiempo que necesite.

Cuando se sienta totalmente relajado, comience a usar cualquier método que haya elegido para lograr un estado alterado de conciencia. Puede ser contar, respirar, usar un mantra, etc. No se preocupe acerca de la profundidad que logre en este estado y en este punto. La proyección astral no requiere un estado ultraprofundo, y muchos experimentados practicantes juran que los niveles más livianos son los mejores. En esta etapa, vaya a donde naturalmente sienta que quiere ir. Con el tiempo y la práctica, su estado alterado se volverá más fácil y más rápido, y por supuesto, más profundo también. Nuevamente, no se apure. Antes de continuar, tómese el tiempo que necesite para sentir que se encuentra en el lugar correcto.

Cuando se sienta totalmente relajado, ponga su atención en el equilibrio de los chakras, como ya ha sido descripto. Concentre su atención en energizar, purificar y equilibrar aquel chakra con el que desea trabajar durante el ejercicio.

Después de haber completado el ejercicio para el equilibrio del chakra, dedique algún tiempo a sentir el flujo sin trabas de la energía etérica que corre por su cuerpo. A algunas personas les agrada visualizar esta energía como una línea de luz de color, intensamente activa, que se desplaza rápidamente por todos los chakras; otros la ven como una energía de alta vibración que los conecta con las energías universales más elevadas. Cuando se le concede tiempo a esto, los centros de chakras se abren aún más y se establecen en todos los niveles de su ser como canales dirigidos hacia los mundos que están más allá del cuerpo físico.

En este punto, usted necesita que su conciencia vaya tan profundamente dentro de usted como le sea posible. Siéntala hundirse en su cabeza, fluyendo lejos de esos centros que usted suele percibir como los centros de su conciencia. Dedicar este tiempo ayuda a este proceso: visualizar su mente como un universo ilimitado a través del cual su conciencia va cayendo. Permita que su energía consciente se recobre en el área del chakra que usted intenta usar como puerta de salida de su yo físico. A medida que lo haga, trate de desplazar el punto de vista de su cabeza —el área de la mente y los ojos— hacia el punto de su cuerpo correspondiente al chakra elegido. Durante este proceso, puede comenzar a sentirse alejado del resto de su ser, una insensibilidad física que le indica que realmente ha enviado la esencia de su ser a un solo lugar del cuerpo. El resto del cuerpo será un hueco, un vacío privado de su alerta de conciencia.

Conservando en la abertura del chakra su punto de vista consciente, mentalmente energice el chakra elegido y ábralo aún más, visualizando cómo estas acciones se realizan a medida que las va deseando. Me agrada visualizar esto como una puerta redonda que se abre desde el centro hacia fuera y que me invita a deslizarme a través de ella.

Luego, mentalmente debe hacer que su conciencia se deslice a través de la abertura de este chakra. Tal como se dijo para el método de la transferencia general de conciencia en el capítulo anterior, se recomienda que luego de pasar por el chakra, usted tenga el deseo de estar en algún lugar significativo. No espere ver si "realmente está allí" —del otro lado de la abertura del chakra—, para realizar este cambio de conciencia e ir a algún sitio. Esperar sólo crea conciencia del cuerpo, el cual está en oposición a su meta. Además, seguir mentalmente el progreso del yo astral fuera del cuerpo, presta atención a ese casi imposible método del despegue del cual se habló en el capítulo anterior. De manera que, tan pronto como usted pase por la abertura y comience a sentir la separación del cuerpo y la mente, inmediatamente decida estar en otro lado.

Un posible "otro lado" es el Cuerpo de Luz. Usted puede emplear la técnica de este chakra en conjunción con el método de transferencia general de conciencia descripto en el capítulo 4 y usar el Cuerpo de Luz como su destino más inmediato. O envíese a cualquier otro lugar en el tiempo o el espacio, que desee visitar. No interesa dónde desee ir, simplemente vaya a algún lado para evitar estar perdiendo tiempo en ese no lugar entre el cuerpo y el plano astral. Como principiante, encontrará que los lugares conocidos son los de más fácil acceso, pero no hay nada malo en ser un aventurero, y hasta puede tener éxito. Muchos lo tienen.

He descubierto que este método de proyección astral me permite un excelente acceso a cualquier lugar físico en el esquema del tiempo actual... más o menos con dos horas de diferencia, debido a ese molesto fenómeno de la distorsión del tiempo. Encontré también que no era la mejor manera de viajar fácilmente a los lugares más atractivos del plano astral, tal como el reinado de las hadas. No he comparado registros acerca de este método en particular con muchos otros experimentados viajeros, de manera que esto puede ser sólo mi experiencia. Sea lo que fuere que experimenta, por favor, regístrelo para futuras referencias, de modo que usted pueda conocer qué es lo que mejor funciona para usted y lo que no.

Puede viajar astralmente todo lo que quiera. Cuando esté listo para concluir su proyección, desplace su conciencia hacia el chakra del cual salió. El solo hecho de una voluntad consciente es todo lo que se necesita para que esto suceda. Al regreso, se encontrará dentro de su cuerpo, justo dentro de la abertura del chakra. Visualice la abertura del chakra cerrándose en parte, luego permita que su conciencia se tranquilice estando lejos del área del chakra, en forma inversa a como salió de allí la primera vez. Permítale que, al regresar, se filtre a través del vacío de su cuerpo.

A medida que la concentración alrededor del chakra se debilita, comience a recobrar conciencia de su yo físico. Sienta cómo la conciencia se dispersa por su cuerpo, fijándose primero en la zona de la mente y los ojos donde la mayoría de nosotros, viviendo en circunstancias normales, conceptualizamos nuestra conciencia.

Cuando se sienta enraizado en su yo físico nuevamente, concéntrese en cada una de las áreas de los chakras, empezando desde la coronilla y siguiendo hacia abajo. Mediante la visualización, cierre parcialmente cada uno de los flujos de energía de los chakras. A medida que lo hace, permítase sentir una desaceleración en su intercambio de energía entrante y saliente. Tenga cuidado de no cerrarlos demasiado. Usted no desearía que ninguno de ellos se bloqueara tanto que impidiera el flujo de energía beneficiosa, pero tampoco desearía dar vueltas con los chakras totalmente abiertos, permitiendo que penetre todo lo que se encuentre al paso. Hacer esto producirá desequilibrios físicos o, aun peor, mentales o le hará sentirse aturdido o loco.

Después de cerrar parcialmente los chakras, permítase conectarse con su cabeza y cuello, su pecho y estómago, y comience su camino descendente hasta sus dedos y pies. Una vez que tome conciencia de todas estas partes, empiece a flexionar sus manos y pies, y lentamente abra los ojos. El último paso en este proceso de regreso es sellar el portal que usted creó entre los mundos físicos y astrales, mediante algo que celebre a su yo corporal. Haga ruido, coma, haga el amor, o cualquier otra cosa que reafirme su existencia. Si lo desea, puede tocar el piso y visualizar la energía excedente desapareciendo de usted.

Cuando esté totalmente de regreso y funcionando en el plano físico, no se olvide de registrar las experiencias, éxitos, fracasos y otras impresiones en su registro astral para tenerlas luego como referencia.

Consejos y sugerencias para el método de proyección de los chakras

Utilizar los chakras como puntos de salida parece que ayuda a aquellas personas que desean sentir que el poder de proyectar está dentro de ellos, pero necesitan de algo específico para concentrarse y poder hacer el desplazamiento de conciencia. Este método de proyección astral funciona bien para aquellas metas referidas a ciertos chakras o para trabajar con los chakras en el plano astral. Un ejemplo de esto es cuando usted abandona el cuerpo con el fin de practicar un arte conocido como cura a distancia (el capítulo 12 trata este tema completamente), lo que implica purificar y equilibrar los chakras de otra persona.

Los instrumentos que deberá elegir para ayudarlo con el método de los chakras dependen del chakra del cual desea salir. Encender velas que combinen con los colores del chakra puede ser de ayuda (véase la tabla) siempre y cuando tenga una manera segura de que ardan mientras su atención está dirigida a otro lugar. Una gran vasija a prueba de fuego es un buen lugar. Los inciensos, metales, gemas, y los aceites para ungir pueden ser preparados especialmente para cada uno de los chakras. Siempre que sea práctico, los aceites deberán aplicarse en forma directa sobre los chakras. De igual manera, ciertas esencias estimulan y abren centros específicos de energía. Aquí se ofrecen algunas sugerencias, pero cualquier libro acerca de herboristería ocultista y perfumería, aromaterapia, o las propiedades de las piedras podrán darle muchas más ideas. Vea en la bibliografía, los títulos recomendados.

Asociaciones con los chakras como instrumentos

Chakra	Esencias	Metales y Gemas
Raíz	Pachuli Ciprés Madreselva Prímula	Calamita Peltre Obsidiana Onix
Ombligo	Vainilla Milenrama Alcanfor Anís Hibisco	Hojalata Aluminio Coral Berilio Perlas Hematite Geoda
Plexo solar	Laurel Canela Nuez moscada Limón Incienso de olíbano	Acero Ambar Topacio Pirita Bronce Ojo de tigre
Centro del Corazón	Muguete Avellano Bistorta Lavanda	Cobre Esmeralda Jaspe Malaquita

Chakra	Esencias	Metales y Gemas
	Almendra Lemongrass Pino	Cuarzo rosa
Garganta	Benzoina Clavo de olor Jengibre Verbena	Aguamarina Peridoto Lapislázuli Jade
Tercer ojo	Muérdago Lila Azafrán Nardo Madera de sándalo	Plata piedra de luna Nácar Zafiro
Coronario	Salvia Tabaco Hisopo Yuca Loto Retama	Opalo Diamante Oro Platino Amatista

Capítulo 7

Método 3 de Proyección Astral:
Meditación para una Separación Astral

Creo que el método de la meditación es una de las formas más sencillas para lograr un viaje astral. Exige más tiempo, pero un esfuerzo considerablemente menor que otros métodos. La meditación ha sido definida como "un pensamiento dirigido" o como "la ausencia de pensamiento". Durante el proceso meditativo, el cuerpo está relajado como cuando duerme, pero la mente está totalmente alerta, aunque los ciclos por segundo en los cuales funciona son determinados como mucho más lentos, en comparación con los ciclos de un estado normal de vigilia y conciencia. Esta condición permite que la mente permanezca receptiva y abierta a sugerencias, ideas, impresiones, a otras inteligencias y otros reinos de existencia.

Uso de la meditación para lograr una conciencia dual

El arte básico de la meditación se revió en el capítulo 1 y deberá reverse nuevamente antes de intentar usarlo como trampolín para el plano astral, especialmente si este proceso es todavía nuevo para usted. Ser capaz de lograr estos estados meditativos o alterados de conciencia es un prerrequisito para la mayoría de los empeños ocultistas. Debe ser practicado regularmente, si desea tener éxito en las proyecciones astrales.

El feliz efecto secundario de la meditación es que el cuerpo crece notablemente separado de sus procesos mentales; cuanto más se prolonga el estado meditativo, mayor es el potencial que se logra para una conciencia dual. Cuando el cuerpo se conserva en una determinada posición durante un largo período, la mente se aburre de la inactividad del cuerpo y automáticamente busca separarse de él. El resultado es una perfecta proyección astral.

La primera vez que tuve éxito en un viaje astral, estaba utilizando este método. En esos momentos participaba de un seminario de desarrollo psíquico, junto con unas trescientas personas en la sala de conferencias de un hotel del norte de Arizona. El propósito de esta sesión especial era disfrutar de una regresión a vidas pasadas, en no menos de cinco situaciones o períodos diferentes. Es innecesario agregar que fue un tiempo excesivamente largo para vivirlo en un estado alterado.

En algún momento de la tercera vida anterior que estábamos explorando, me cansé del experimento. No podía asociar las imágenes claras que asocio en las buenas sesiones de regresión, y mi cerebro de historiadora se hallaba en un estado extremo de sobreexigencia, buscando notorios anacronismos. Al mismo tiempo, no tenía deseos de salir por mí misma del profundo estado alterado en el que me encontraba.

Se había manifestado una dualidad de conciencia de cuerpo y mente y aunque me encontraba alejada de mi yo físico, también estaba lo suficientemente alerta respecto de mi cuerpo como para saber que mis dedos y mis manos estaban completamente dormidos después de haber permanecido durante tanto tiempo en un estado tan relajado e inmóvil. Aunque era tentador, me resistí al deseo de torcer aunque fuera un solo músculo, quise olvidarme del resto del cuerpo que rápidamente se quedaba insensible por la inmovilidad y seguí deambulando dentro de mi estado alterado.

Es importante aclarar en este punto, que la insensibilidad del cuerpo no era el resultado de una mala circulación. Yo estaba perfectamente cómoda. No me había sentado con las piernas o los brazos cruzados, ni me encontraba en una posición en la cual se pudiera ejercer alguna presión sobre algún nervio o arteria. La insensibilidad era el resultado directo del comienzo de la separación del cuerpo y de la conciencia astral.

Podía sentir la profundización del estado alterado, a medida que me soltaba del estado físico y me permitía navegar en un mundo interior sin pensamiento ni forma. Me sentí mecer, como si algún doble etéreo que hubiera dentro de mí se esforzara por salir. En este punto, mi sentido del cuerpo y del espíritu se hizo difuso y percibí casi como si mi yo físico estuviera hamacándose con mi yo astral.

Luego, de repente, advertí que podía ver la totalidad del salón de conferencias desde la perspectiva del techo. Se estaba produciendo lo que los ocultistas denominan una "clásica" experiencia de un viaje astral, en la cual uno se encuentra mirando hacia abajo, al cuerpo físico.

Cuando me di cuenta de lo que estaba sucediendo, me emocionó tanto que me encontré recuperando la conciencia de mi cuerpo inmediatamente. Me quedé lo más quieta posible, hice unas respiraciones profundas, y deseé que mi consciente volviera al techo. En un instante, fui recompensada otra vez, con una vista panorámica del salón, debajo de mí. La mayor parte de las luces estaban apagadas. Había una luz tenue que provenía del fondo del salón —el tipo de luz que se ve en el cine— y la gente parecía como si acabara de dormirse, ya que estaban esparcidos por todo el salón. Algunos sentados, otros reclinados, pero todos completamente quietos a medida que disfrutaban de sus visiones regresivas.

Todo esto era muy interesante para mí, pero quería más. Quería mirar alrededor y ver cuanto me fuera posible del salón de conferencias, para que cuando abriera mis ojos físicos pudiese verificar lo que estaba viendo. Tan pronto como empecé a mover mi yo astral en otra dirección, me encontré de regreso en mi cuerpo físico, nuevamente.

Estaba preparada para gritar. Finalmente, pude salir de mi yo y quedarme afuera, pero me parecía que era incapaz de hacer algo con este nuevo talento que había descubierto.

Otra vez deseaba llegar al techo, pero ahora decidida a quedarme muy quieta y a tratar de ver y memorizar todo lo que pudiera. Me di cuenta de que si simplemente hubiese permanecido allí donde estaba, usando esa dudosa bendición de la visión de los 360° grados —llamada también la mirada omnisciente— que, como un don se nos entrega en el plano astral, hubiera podido ver todo cuanto deseara. A medida que continuaba mirando el cuarto, advertí que, en realidad, podía mirar a través de la pared que separaba la sala de conferencias y el corredor exterior.

Al abrir los ojos, mucho antes de terminar la sesión, miré alrededor y pude verificar la existencia de todo lo que había observado desde el techo, sin los aparentes efectos de distorsión del tiempo. Esta ausencia del problema del tiempo probablemente podría atribuirse a quien estaba conduciendo la regresión a vidas pasadas, cuya voz escuchaba permanentemente. Es probable que él fuese un eslabón para una referencia específica de tiempo en ambos mundos.

No debe olvidar que este método de proyección astral requiere más trabajo que otros, no en término de meses o semanas de práctica para tener éxito, sino por el tiempo que usted deberá dedicarle a cada una de las sesiones. Le lleva por lo menos treinta minutos al cuerpo de un principiante, lograr ese estado de inmovilidad, de modo que la mente busca algún punto en cualquier otro sitio, para su esparcimiento. La práctica hace decrecer notablemente la cantidad de tiempo, pero mientras tanto, comprométase a lograr al menos una hora o noventa minutos al día. Por el lado de los beneficios, es fácil y relajante y exige menos esfuerzo que la mayoría de los métodos.

El proceso de proyecciones astrales con meditación

Para comenzar a trabajar con este método, diríjase a un sitio tranquilo y privado donde pueda realizar su proyección astral. Haga los preparativos que prefiera: encienda incienso, desvístase, use un talismán, escuche música suave, aumente la calefacción para sentirse más abrigado, etc. Colóquese en la postura en la que haya elegido trabajar, ya sea sentado o acostado, y tómese unos momentos para asegurarse que está lo suficientemente cómodo para mantener esta posición durante una hora o más. Si no es así, realice los cambios ahora. Con este método, cualquier tensión se volverá más tarde dolorosa e impedirá su progreso.

Cierre los ojos, haga unas respiraciones profundas. A medida que empiece a liberar la tensión física, también libere cualquier pensamiento, sentimientos o intenciones negativas de la mente. Con cada respiración, siéntase relajar y libérese de las energías negativas de cualquier tipo. Tal vez desee visualizar esto de alguna manera que tenga significado para usted, mediante la relajación progresiva.

Continúe respirando despacio, asegurándose de que cada parte de su yo físico se relaja totalmente. Como principiante, tal vez necesite dedicar diez o veinte minutos para concentrarse en cada parte del cuerpo en particular, deseando intensamente liberarse. Este tipo de relajación progresiva es más esencial para el éxito en este método de proyección astral que en los otros, ya que la relajación del cuerpo es un prerrequisito para la proyección. No hay necesidad de acelerar el proceso de relajación. Tómese el tiempo que precise para hacerlo bien.

Cuando se sienta totalmente relajado y en paz, comience a usar cualquier método que haya elegido para lograr un estado alterado de conciencia. No se preocupe acerca de la profundidad que alcance en tal estado; es una etapa en la cual debe ir a donde le plazca.

A medida que continúa sentado o tendido tranquilamente, sin mover el cuerpo, encontrará que su estado alterado se profundizará de manera natural, siempre y cuando mantenga su mente lejos de cuestiones mundanas. Esto será quizás lo más difícil de superar. Si no puede controlar sus pensamientos casuales, terminará entrando en un sueño profundo y desperdiciando los esfuerzos. Pienso que la mejor forma de manejarlo es tener alguna palabra o frase para decirse a sí mismo constantemente, acompañada de alguna simple imagen mental tal como una figura geométrica básica (véase, en el capítulo 1, *Concentrándose en la voluntad*). La combinación de la visión mental y el sonido será un sedante para la mente y, aunque sin ningún significado, le dará algo concreto en que concentrarse.

Después que pasa algún tiempo, sentirá que su cuerpo comienza a entumecerse y la primera reacción será la de mover un músculo o flexionar alguna parte. ¡No lo haga! Simplemente advierta su falta de sensibilidad y déjela pasar, vuelva su conciencia hacia su interior y lejos de cualquier sensación física, o mejor dicho, de la falta de esta. Permita que su mente vaya a la deriva. Pero no es una deriva sin objetivo; lo que se busca es el estado alterado más profundo que pueda lograrse en este momento.

Procúrese un lugar interno tan hondamente escondido que carezca de imágenes, sonidos o sensaciones. En este instante, puede que empiece a tener la sensación de que está meciéndose o de ver un sinnúmero de luces de colores que bailan frente a sus ojos internos. No trate de forzar la conciencia para que se aleje de su cuerpo, permítale que se separe cuando esté lista. Le conviene estar lo más alejado posible y controlar los hechos con un sentimiento de voluntad involuntaria.

Una vez que se dé cuenta de que le es posible ver el cuarto a su alrededor, o quizás algún otro lugar cercano, usted está viajando astralmente. Memorice todo lo que ve, de modo que pueda verificarlo más tarde. Si, al igual que lo que me pasó a mí durante la primera vez, encuentra que moverse le hace recobrar su conciencia, tan sólo deberá desear, suavemente, que se produzca el regreso hasta ese sitio específico. No trate de enviarlo a algún otro lado; déjelo ir hacia ese lugar que ya conoce. Puede llevarle muchas sesiones asumir el control del yo astral para poder conducirlo a otros lugares, pero ya vendrá.

Cuando esté dispuesto a terminar su sesión de viaje astral, simplemente desplace su punto de vista hacia su yo físico. Ahora, debe revertir cualquier proceso que le haya servido para entrar en un estado alterado. Si contó respiraciones, comience a contarlas nuevamente, sólo que esta vez es con la idea de recobrar la conciencia normal, en vez de ingresar en un estado alterado. Si hizo una cuenta regresiva, ahora cuente en forma progresiva. Si viajó por una cueva o sobre el arco iris, revierta el proceso. Esto hace que su mente consciente y racional se mantenga feliz a medida que la mente astral haga la transferencia de regreso a la normalidad.

Comience ahora a recuperar su conciencia del cuerpo físico. Permítase reconocer su cabeza y cuello, su pecho y estómago, y comience el camino descendente hasta los pies. Una vez que haya revertido el proceso y tomado conciencia de todas estas partes, empiece a flexionar sus manos y pies, y lentamente abra los ojos. No trate de pararse de inmediato, después de esto. Usted ha permanecido en un profundo estado de meditación —probablemente alrededor de noventa minutos— y necesita adaptarse al mundo de nivel beta, otra vez. Pararse precipitadamente le hará sentirse mareado y podría generar una gran cantidad de sensaciones no dañinas pero sí un poco desagradables.

El último paso en este proceso de retorno consiste en sellar el portal que usted creó entre estos mundos, mediante algo que celebre su yo corporal. Haga ruido, coma, haga el amor o cualquier cosa que reafirme su existencia. Si lo desea, puede tocar el piso y visualizar la energía excedente desapareciendo de usted. El proceso de "hacer tierra" es muy importante para su bienestar psíquico. No lo escatime.

No se olvide de registrar sus experiencias, éxitos, fracasos y otras impresiones de su registro astral, para tener una referencia posterior.

Consejos y sugerencias para el proceso de proyección astral por meditación

Revea el capítulo 1 en cuanto a los consejos y sugerencias relacionados con la meditación en general. Le serán de utilidad cuando use este método de proyección astral. También puede ayudarlo a incorporar el uso de incienso, cuyo propósito es asistirlo en la meditación o en la proyección astral en general. Estas sugerencias se han expuesto en capítulos anteriores.

El método de meditación parece operar muy bien si las metas de proyecciones astrales tienen como meta ver las vidas anteriores, solucionar los problemas creativamente (esto se desarrollará en el capítulo 13) o si simplemente se desea lograr una leve separación de sus cuerpos astral y físico y si desea sorprenderse con el resultado.

Para ayudarlo a medir su progreso con este método, controle el tiempo justo antes de comenzar, y hágalo nuevamente en cuanto concluya. Esto le dará una idea acerca de cuánto tarda en trabajar con este método. A medida que aumenta su nivel de capacidad, el lapso que le dedique disminuirá significativamente hasta que el proceso no lleve más tiempo que cualquier otra de las técnicas de proyección astral.

Resumen del capítulo

Recuerde que al comienzo, las sesiones donde se emplee este método necesitarán significativamente más tiempo que el requerido por otros métodos. Deberá duplicar el tiempo diario que usted dedicaría a su práctica de proyección astral. Si le es posible, vale la pena que invierta en este método. Una vez que lo domine, hasta casi puede parecer que no precisa esfuerzo, en comparación con otras metodologías.

Capítulo 8

Método 4 de Proyección Astral:
Meditación Guiada

De todos los métodos por los cuales se puede lograr la proyección astral, la meditación guiada es sin duda, mi favorita. Combina la fluidez del estado de sueño con el manejo de la conciencia controlada. Es tan accesible como su imaginación e igualmente ilimitada. La meditación guiada es similar a la meditación en general, pero en el contexto de la proyección astral se distingue por ofrecer parámetros específicos para su exploración. Esto puede ser una gran ayuda, tanto al entrar como al salir del mundo astral, y puede disparar visiones astrales cuando llegan con lentitud.

El término "guiado" significa tener a mano un libreto preparado, un esquema en detalle, donde se utiliza un fuerte lenguaje simbólico o imágenes, comúnmente denominadas *arquetipos*[1], para conducir a nuestra mente relajada a cualquier mundo astral que hayamos creado. Mientras nos encontramos en un estado alterado poco profundo, seguimos a estas imágenes preseleccionadas, hacia el plano astral y hacia aquellas áreas elegidas para explorar mediante nuestra meditación. Una vez que la mente se acostumbre a explorar el plano astral dentro de las guías de la meditación ya preparada, encontrará

---

[1] El psicólogo C. G. Jung (1875 - 1961) introdujo el término arquetipos, para referirse a las situaciones prototípicas.

que pronto podrá hacerlo por sí misma. Sólo necesitará un guión pautado, para ingresar en el plano astral y salir de él. El resto del viaje dependerá de usted.

Un camino guiado que lo ayude a retornar al cuerpo es algo bueno para tener a mano, si perderse es una preocupación para usted. La meditación guiada ofrece un esquema seguro para explorar, y esto permite que los viajeros nerviosos se sientan más cómodos. Es como tener un mapa bien detallado del recorrido, antes de salir de su casa. Puede hacer viajes incidentales, a discreción, pero siempre conoce cómo retomar el camino principal. A medida que se vuelve más eficiente en su meditación guiada —y a entrar y salir de una escena, rápida y eficazmente— se aburrirá de los alrededores y se encontrará a sí mismo aventurándose y alejándose del camino más y más, para explorar por su cuenta el mundo astral. El resultado: ¡un viaje astral totalmente controlado y consciente!

Al principio, las meditaciones guiadas parecen consistir sólo en estar tendido con los ojos cerrados, mientras alguien le lee una agradable y breve historia. En realidad, esto sucede la primera o la segunda vez; pero después de un tiempo se dará cuenta de que, de repente, usted está precisamente donde tiene lugar la meditación. Es decir, experimenta la escena en vez de ser tan sólo testigo desde arriba. Ve a personajes inesperados, con los cuales puede interactuar.

Su imaginación es la clave para hacer que este tipo de proyección funcione. Si usted es una persona que se encuentra profundamente concentrada en las ensoñaciones, este método de proyección no será un problema. Los detractores del método de meditación guiada sostienen que el factor imaginación invalida la experiencia y la convierte en algo diferente a una genuina proyección astral. El problema de estos críticos es que ellos asumen automáticamente que el mundo interno o "imaginario" es de alguna manera menos real que el otro. Los ocultistas han aceptado durante mucho tiempo que la mente es un universo en sí misma, y que lo que en ella sucede es muy real. Piense acerca de las implicancias en términos de civilización: todas las cosas que la raza humana ha creado, primero fueron construidas en la mente, haciéndose manifiestas en una sola forma de pensamiento[2] astral.

Otra crítica a esta técnica es que, una vez dominada, permite desplazar el total de la conciencia de un estado a otro y otra vez al de origen, rápidamente. Esto no debe verse como algo negativo, sino como una señal de que usted ejerce un total control de la dirección de su conciencia. En otras palabras, esta es una habilidad deseable que testimonia a favor de su destreza oculta, y que no es una dificultad. También es una habilidad que puede usarse en una variedad de situaciones donde las formas tradicionales de viajes astrales no son posibles. Por ejemplo, cuando era una estudiante universitaria, en primer año, y me quedaba atascada en una tarea tediosa donde pensar no era un requisito, empleaba una variación de este tipo de proyección astral, como escape del aburrimiento. Por momentos estaba un 70% en el mundo astral y un 30% en el físico, otras veces las proporciones se invertían, pero el poder cambiar de un porcentaje a otro entre los mundos me permitía seguir trabajando, al mismo tiempo que conservaba mi salud.

Ninguna de estas críticas nos dice que el método de la meditación guiada no dé como resultado una proyección astral verdadera. Los ocultistas experimentados están conscientes de la naturaleza dual de la conciencia humana y de su tendencia a moverse ida y vuelta en perspectiva, virtualmente durante casi todos los tipos de proyecciones. En *Esoteric Rune*

---

[2] Ver en glosario, formas de pensamiento.

Magic (Magia de las Runas Esotéricas), el mago ocultista D. Jason Cooper escribe que, durante el viaje astral, está siempre presente la conciencia de ambos mundos: "siempre ignoramos el físico, a favor de la visión que tenemos". En *Time Travel: A New Perspective* (Viaje en el tiempo: Una nueva perspectiva), J. H. Brennan teoriza que, cualquier disciplina meditativa puede realmente estar permitiéndonos experimentar "dos realidades *paralelas*" (el resaltado es mío). Dice que:

> "...los medios por los cuales esto puede hacerse es mediante la imaginación humana, una función psicológica devaluada por la mayoría de nosotros... cuando utiliza la imaginación... en realidad está observando otro mundo, un continuum tiempo-espacio diferente de la realidad física a su alrededor, pero igualmente objetivo, igualmente real".

Cuando su imaginación está comprometida en algo, también lo están las emociones. Porque ante todo, ya que la proyección astral es un ejercicio de conciencia emocional, la meditación guiada ofrece un sólido trampolín para ingresar en el mundo astral.

Sé por mi propia experiencia que lo que comienza como una proyección de fantasía tiende a tomar vida propia a medida que se progresa a través de la experiencia astral. He podido usar también algunas de estas proyecciones como herramientas para la visualización creativa, al estimular que las cosas se manifiesten para mí en el plano físico (Me dedicaré completamente a la visualización en el capítulo 13). Si el plano en el que se compromete mi mente no es real, ¿cómo puedo entonces "plantar" allí ideas y deseos que luego se manifiesten en el plano físico?, la única realidad que las otras personas aceptan. Donde no hay tierra fértil, no puede haber cosecha; y donde hay cosecha es porque debe haber tierra fértil.

Encontrar los libretos para la meditación guiada

Se pueden encontrar algunos buenos guiones de meditación guiada en una gran variedad de libros ocultistas, especialmente aquellos escritos desde una perspectiva pagana o de "religión de la naturaleza". Yo recomiendo sobre todo el libro de Yasmine Galenorn *Trancing the Witch's Wheel (Transitando la Rueda de la Bruja)*. Esta hermosa obra no es sólo para los que profesan la religión de Wicca, sino para cualquiera que desee ganar un conocimiento más profundo de las estaciones y los elementos, a través de una meditación guiada. El lenguaje simbólico que usa es excelente, y las historias son coherentes y atractivas. Para quien desee una meditación que ya ha sido escrita para usted, es un lugar excelente como comienzo.

Otra forma de encontrar textos de meditación guiada es en los cuentos de hadas. Estos son altamente simbólicos y por lo general, involucran a un héroe o heroína exitoso que parte hacia un mundo desconocido habitado por seres extraños. Algunos son aliados y otros, enemigos. El héroe o heroína debe descubrir quién es quién, mientras navega por escenarios extraños y reglas desconocidas; luego regresa a su hogar, con algún tipo de premio.

Necesitará seleccionar los cuentos de hadas, con cuidado. El exceso de imágenes oscuras no es bueno para los principiantes. Aunque tales imágenes no son inherentemente dañinas, a menudo contienen demasiada energía transitoria que los viajeros astrales novatos no pueden manejar sabiamente. Reserve esto para después, cuando esté preparado para utilizar estas energías a su favor. Por la misma razón, usted debe alejarse de los cuentos con finales desagradables. Por el momento, conténtese con los del típico final: "Y fueron felices para siempre".

Redactar las propias meditaciones guiadas

No será difícil aprender a escribir los propios guiones de meditaciones encaminadas a las metas espirituales actuales, si desea obtener conocimiento de arquetipos y simbolismo[3], una información que se encuentra fácilmente en los libros de psicología para el público en general, en algunas guías de interpretación de sueños y en muchos libros ocultistas. Solemos usar el término *arquetipo* para referirnos a un ejemplo ideal de un determinado tipo de situación, tiempo o condición. Para nuestros propósitos, un *símbolo* es un objeto que representa a un arquetipo.

Recuerde que la mente en su totalidad responde mejor al lenguaje simbólico. Por cierto, es el único lenguaje que su mente subconsciente puede entender, y debe estar totalmente comprometida para la meditación guiada, a fin de funcionar como un medio hacia la proyección astral. Por otro lado, en su meditación, el simbolismo no debe ser tan denso como para que interfiera con el flujo del esquema de la historia sobre la cual se sostiene la imagen.

He elaborado una breve lista de arquetipos de uso frecuente. Es la que aparece a continuación, y su propósito consiste en ayudarlos a escribir sus propias meditaciones guiadas, si así lo desean. Pueden descubrir y utilizar cualquier cantidad de símbolos y arquetipos fuera de esta lista: se trata tan sólo de una introducción a ese sinnúmero con el que usted, a la larga, puede contactarse.

---

[3] Las obras de C. G. Jung son particularmente útiles. Busque *Los Arquetipos y el Inconsciente Colectivo*, en cualquier edición de las *Obras Completas*.

Símbolos y arquetipos para usar en Meditación Guiada

Símbolo	Arquetipo
Abejas	Esfuerzo de equipo, solidaridad, laboriosidad
Arco iris	Paz, unión entre ambos mundos, unidad, lugar seguro
Arbol	Continuidad, fuerza
Búho	Sabiduría, advertencia, muerte, vejez
Caballo	Energías femeninas, un mediador entre ambos mundos, un facilitador de los viajes astrales, pesadillas
Ciervo	Energía masculina, el cambio de las estaciones
Cuchillo	Discordia, transferencia de energía, desconfianza, advertencia
Cueva	Vientre (especialmente de la Madre Tierra), el pasado, los misterios ancestrales, la Diosa Madre Tierra, renacimiento, recuerdo de miedos anteriores
Enano	Gnomos, espíritus de la tierra, sabiduría de la tierra
Fuego	Energía, transformación, transición
Gato	Luna, misterios nocturnos
Granos	Prosperidad, abundancia, hospitalidad, comodidad, celebración, fertilidad
Herramientas	Trabajo, don que se otorga para un futuro desafío
Huevo	Fertilidad, ciclos de la vida, eternidad, comienzos

Símbolo	Arquetipo
Llave	Inmovilidad, soluciones, sexualidad
Lluvia	Regalos, bendiciones, fertilidad
Mariposas	Renacimiento, cambio, calma temporaria
Montaña	Obstáculos, encuentro con desafíos personales, búsquedas espirituales, búsqueda de sabiduría
Pared	Obstáculos, inmovilidad, el fin de algo
Perro	Fidelidad, advertencia o precaución
Red	Unidad, conexión, senderos, aperturas, sabiduría que se da, trabajo
Río	Flujo del tiempo, ciclos de la vida y la muerte, transición de un mundo o tiempo a otro
Serpiente	Misterios femeninos, cambios después del estancamiento, energía de la tierra
Tornado	Cambio importante, disminución, desaparición, decrecimiento
Vegetación siempre verde	Vida eterna, salud

Asegurar el éxito de una meditación guiada

Las reglas para escribir o reconocer una meditación guiada segura y efectiva son simples: debe utilizar tanto simbolismo como sea posible, sin comprometer la índole de la historia. Siempre debe ingresar en la meditación y salir de ella por el mismo camino, excepto en circunstancias especiales, tales como una emergencia en el mundo físico. Otra excepción a la regla es cuando la meditación ha sido intencionalmente estructurada por razones espirituales, para utilizar un punto de salida diferente. En la mayoría de los casos, sin embargo, si recurre como punto de ingreso mental a una cueva, deberá salir a través de la misma cueva. Otros caminos comunes hacia el plano astral mediante la meditación guiada son los arcos iris, los senderos de montaña, las fuentes, los kivas[4] y la compañía de animales o guías espirituales, tanto al entrar como al salir.

La parte central de la meditación guiada puede llevarlo a cualquier sitio a donde desee ir —dentro de este mundo o en otro— o a la presencia de cualquier ser astral con el que desee contactarse, incluyendo las almas de la mayoría de los humanos que han partido. Naturalmente, aquí entra en juego el libre albedrío de cada ser, y algunas veces, un ser determinado puede no tener deseos de hacer una visita, de manera que no hay que forzarlo. Las imágenes que usará al comienzo deberán ser simples: todavía no trate de proyectarse a mundos con escenas extremadamente detalladas. Gracias a este método, generalmente descubrirá que progresa con rapidez, y el mundo astral se entregará a usted muy pronto, sorprendiéndolo con su complejidad.

Otra ventaja de este método de proyección astral es que puede hacerse de acuerdo con sus necesidades y deseos. La mayoría de los libretos de meditación guiada incluyen sugerencias para una progresiva relajación, al comienzo, y para un lento regreso al estado de vigilia, de manera que ambas transiciones sean suaves y no discordantes para la mente. También puede incluirse el lenguaje que le ofrezca un botón automático de regreso, de modo que le permita escapar si, por algún

---

[4] Ver glosario.

motivo, se asusta. El guión de meditación puede ofrecer lo que se asemeja a una sugestión posthipnótica para perder o soltar algún recuerdo de un suceso o encuentro que no lo conduzca por el camino de su actual crecimiento espiritual, o que demuestre ser perturbador para su estado de vigilia.

La mayor dificultad del método de la meditación guiada es que usted, inicialmente, necesita que alguien le lea el texto, mientras lo está trabajando. Lo ideal es que usted tenga un compañero con el cual sienta que puede relajarse totalmente, porque él es capaz de percibir, cuando debe hacer una pausa en la lectura del texto, para permitirle explorar. Si no, trate de leer la meditación ante un grabador y luego, reproduzca para usted mismo lo grabado. Si usted es una de esas personas a quien el sonido de su propia voz lo distrae, le puede pedir a alguien que lo haga o puede tratar de enmascarar las cualidades de su propia voz, mezclando alguna música Nueva Era como fondo para sus palabras. Es bueno probar la grabación después de un rato, para saber si obtiene el equilibrio adecuado de voz y música, antes de perder el tiempo leyendo la meditación completa. Yo misma cometí este error y terminé con una grabación en la cual apenas podía escuchar las palabras tapadas por el estruendo de la música.

En este capítulo se incluye un libreto para la meditación guiada. Tiene un comienzo y final estructurados, pero la parte central está abierta, de modo que pueda cambiarse para adaptarla a sus necesidades. Como me agrada mucho la imagen de un puente de arco iris hacia el mundo astral, es lo que yo uso. Usted puede convertir esta imagen en una cueva, una fuente, un *kiva* o lo que desee. La parte central, como se ha dicho aquí, es breve, lo dirige a un mundo en el cual un solo sitio astral puede ser explorado, en este caso, un bosque mágico. Si desea hacer que esta parte de la meditación sea más extensa, instruya a su lector para que le dé más tiempo en este instante, o hágalo usted mismo así, cuando lo grabe. Debe sentirse también libre de escribir su propio sendero en la parte central para que le sea posible explorar distintas áreas del plano astral que tengan gran interés para usted. Cuando haya concluido con esto, sólo necesitará volver al cuerpo principal de la meditación para encontrar el camino de regreso.

El proceso de proyección de la meditación guiada

Para comenzar a trabajar con este método, diríjase a un sitio tranquilo y privado donde pueda hacer su proyección astral. Complete los preparativos que prefiera: encienda incienso, desvístase, use un talismán, escuche música suave, aumente la calefacción para sentirse más abrigado, etc. Colóquese en la postura en la que haya elegido trabajar, ya sea sentado o acostado, y tómese unos momentos para asegurarse de que está lo suficientemente cómodo como para mantener esta posición durante una hora. Si no es así, realice los cambios, ahora. Más tarde, ya no querrá moverse, porque puede alterar el flujo de visualización.

Cierre los ojos, haga unas respiraciones profundas. A medida que empiece a liberar la tensión física, también libere cualquier pensamiento, sentimientos o intenciones negativas de la mente. Con cada respiración, siéntase relajar y libérese de las energías negativas de cualquier tipo.

Continúe respirando despacio, asegurándose de que cada parte de su yo físico se relaja totalmente. Como principiante, tal vez necesite dedicarle diez o veinte minutos a la concentración en cada parte del cuerpo en particular, deseando intensamente liberarse. Hasta que usted se acostumbre a experimentar la relajación total, puede no darse cuenta de que ciertos grupos musculares pequeños todavía se encuentran tensos, al menos que usted se concentre en ellos y trabaje para relajarlos. No hay necesidad de acelerar el proceso de relajación. Tarde todo lo que considere necesario, para hacerlo bien.

Cuando se sienta totalmente relajado y en paz, comience a usar la meditación guiada. El libreto es el siguiente:

Meditación guiada: libreto de muestra

Visualice el final de un grande y vívido arco iris que aparece delante de usted. Vea a su yo astral parado al lado de la base, sintiendo las vibraciones positivas que el arco iris irradia. A medida que usted se trepa al arco iris, de repente se hace más liviano que el aire y vuela por la superficie, moviéndose con mayor rapidez hacia la cima, tan alto que usted no puede verlo. No tiene la tentación de mirar para abajo y ver el mundo que está dejando atrás, sólo mira hacia adelante, hacia las luces brillantes que emanan del arco iris.

A medida que viaja hacia arriba, la atmósfera a su alrededor se hace más liviana y más blanca. Siente que las tensiones, los problemas, las preocupaciones y las mezquinas negatividades del mundo físico que lo han estado encerrando como una armadura, se desprenden y caen lejos de usted. Descubre que ahora se siente más libre que nunca, y está lleno de energía espiritual positiva.

A medida que alcanza la cima del arco iris, grita de alegría por el sentimiento de felicidad que lo rodea; su vuelo le permite seguir la amplia curva del arco iris y comienza su viaje descendente al mundo astral.

Vuela hacia abajo, a través de un mundo que se hace más y más liviano. Hay una santidad que parece impregnar la atmósfera en la que se eleva. Pronto verá debajo, un vasto y verde espacio que se vislumbra cada vez más amplio, aparentemente sin final. A medida que vuela más rápido y se acerca más, ve que es un bosque hermoso y virgen.

Desacelera cerca del final del arco iris hasta que se detiene y pisa la suave y verde tierra del bosque, con tintes marrones. Cuando usted se detiene y se orienta, reconoce que este es un bosque encantado, lleno de criaturas mágicas, y sabe que aquí, todo es posible.

La luminosa luz del sol cambia a sombras de ocaso y se filtra a través del follaje espeso. Cuando usted mira hacia arriba, advierte destellos de luz dorada que parecen venir de los espíritus de las ramas de un pequeño árbol sobre su cabeza. Hacia su izquierda hay una pequeña roca sobresaliente, con una estrecha fisura que usted cree que es una cueva. Hacia la derecha, puede escuchar los sonidos del agua que corre, como la de un río fluyendo rápidamente. Con curiosidad, los animales lo espían a través de los árboles y parecen estar conversando acerca de qué es lo que usted quiere allí en su mundo especial.

Sin darse cuenta, escucha una voz detrás de usted y se da vuelta para conocer el origen, pero no ve a nadie. Sólo el árbol, pero en este lugar mágico, puede que él sea capaz de hablar.

La voz le señala que mire hacia arriba, donde usted ve un búho con grandes ojos parpadeantes, sentado en la rama de un árbol grande y añoso. Aunque el pico no se mueve, usted sabe que le transmite las palabras telepáticamente.

En este punto, puede considerar que, con la visita al búho, es suficiente, o bien puede continuar con una meditación preparada o con sus propias investigaciones. Los agregados sugeridos para esta meditación son: un encuentro con un hechicero en un claro del bosque, o con espíritus del agua, en un lago dentro del bosque, navegar por un río astral que pase a través de este sitio, hablar con animales o plantas, relacionarse con espíritus y hadas del bosque, interactuar con otros espíritus de la Naturaleza o encontrarse con sus guías y maestros. También puede ir a otros ámbitos del mundo astral y disfrutar del tiempo, el lugar, el escenario o la compañía que desee.

Siempre haga lo que le resulte más cómodo, cada vez que utilice este método para proyectar. Cuando esté listo para concluir la sesión, continúe con las siguientes imágenes del puente del arco iris para regresar a su conciencia normal.

Visualice el final del arco iris volviendo hacia usted. A medida que se encarama sobre él, verá que puede volar y llegará hasta la cima del arco iris nuevamente. Ya en la cima, comenzará el descenso. En tanto descienda, observe que la atmósfera a su alrededor se hace más densa y destella con menos color. Continúe descendiendo rápidamente por el arco iris, hasta que vea cómo crece debajo de usted, el mundo que abandonó.

Desacelere el descenso hasta parar donde finaliza el arco iris, en algún sitio cercano a su cuerpo. Bájese y mentalmente transfiera su conciencia al yo físico.

Luego de sentirse totalmente de regreso en usted mismo, visualice el arco iris desvaneciéndose hacia el mundo astral y comience a recuperar la conciencia de su cuerpo físico. De a poco y uno por uno, reconozca su cabeza y cuello, su pecho y estómago, y empiece el camino descendente, hasta los pies. Una vez que tome conciencia de todas estas partes, flexione sus manos y pies, y lentamente abra los ojos.

El último paso en este proceso de regreso es sellar el portal que usted creó entre estos mundos, mediante algo que celebre su yo corporal. Haga ruido, coma, haga el amor, o cualquier cosa que reafirme su existencia. Visualice cómo desaparece de usted la energía excedente. Ya que este método exige más estimulación mental y emocional que otros métodos, la posibilidad de quedarse con exceso de energía es muy grande, de manera que "toque tierra" lo más posible.

No olvide registrar sus experiencias, éxitos, fracasos y otras impresiones de su registro astral o de su periódico mágico, para tener una referencia posterior. Es importante también que tome nota de los detalles de la meditación guiada o fantasía controlada que utilizó a fin de entrar en el mundo astral. A menudo esto tiene una relación directa con el sitio específico en el que aterrizó en el plano astral. Quizás desee estudiar estos aspectos más tarde, cuando esté buscando un tipo particular de proyección astral y quiera hacer uso del mismo lugar de ingreso.

Meditación guiada y el tiempo del viaje astral

Si tiene interés en recurrir a la proyección astral como un medio para viajar en el tiempo, ya sea para explorar una vida pasada o simplemente para mirar en otra era, este es con mucho, el mejor método para usar. El hecho de que el tiempo es no lineal (sólo nuestro yo físico lo percibe así) es un concepto que ahora se está conociendo más allá de las comunidades científicas y de las ocultistas. Ya que todo el tiempo es un "ahora" omnipresente, puede tener acceso a nosotros desde cualquier punto, si encontramos una forma de liberarnos de las restricciones del pensamiento físico. Hace varios años, tuve la evidencia de esta verdad, cuando mi marido y yo estábamos buscando una casa nueva. Aun sabiendo que no podíamos sostener los costos de una vivienda antigua, no podía resistir el deseo de ver una casa de campo hermosamente conservada, de alrededor de 1901, en un pequeño pueblo conocido por sus casas antiguas bien mantenidas. Estaba encantada con el lugar y no pude apartarlo de la mente durante todo el día. Esa noche, mientras viajaba astralmente, mi mente fue hasta la casa y, de inmediato, me encontré a mí misma en ella. Estaba vacía, como la había visto esa tarde, pero ahora totalmente a oscuras. Observando hacia el extremo este del gran salón, trataba de imaginar lo que sería vivir allí cuando, de repente, vi la luz del día que venía desde la parte de atrás de la casa. Descubrí entonces que estaba viendo una realidad dual. La pared todavía estaba allí, pero podía mirar la cocina a través de ella, la cual había sido agregada en la tercera década del año 1900. Había dos mujeres y una niña de alrededor de diez años, preparando la comida. Tomé nota de todos los detalles que pude. Al día siguiente, intenté verificar las imágenes de mi visión astral. Resultó que la pared a través de la cual yo había mirado, no estaba allí en esa década. La casa había sido reformada hacia 1950, momento en que la pared entre lo que hoy es el gran salón y la cocina fue construida.

Los viajeros astrales más experimentados posiblemente estén de acuerdo en señalar que ver el pasado es más fácil que ver el futuro, y que hay numerosas maneras de usar la meditación guiada para lograrlo.

Viaje en tiempo astral: ejemplo de experimentos

Explorar las vidas pasadas, mediante viajes astrales, nos da la seguridad de estar separados de la agitación emocional de una vida anterior, al mismo tiempo que nos permite ver y comprender sus influencias en nuestras circunstancias actuales. Si desea explorar una vida astralmente, utilice uno de los siguientes métodos para conducirlo a la era determinada que intenta examinar. Existen posibilidades de que, si usted es conducido voluntariamente, a un período histórico, es porque probablemente, vivió allí en ese tiempo.

1. Encuentre y estudie una fotografía o dibujo de un tiempo pasado que a usted le interese. A medida que ingresa en su estado alterado, fórmese esa imagen, vívidamente, en su mente. Use la intuición y la imaginación para ir más allá de los límites de la foto o el dibujo y vea lo que hay allí. Permita que la imagen mental se expanda hasta llegar a ser un lugar totalmente dimensional, luego proyecte su conciencia hacia este sitio, empleando una técnica de transferencia de conciencia.

2. Prepare una meditación guiada que contenga imágenes que lo lleven a una escena o hecho histórico como usted imagina que es. A medida que ingresa en su estado alterado, siga estas imágenes históricas. Pronto, probablemente se encontrará flotando sobre la escena o hecho y viendo cómo se produce. Al principio, esta visión será un 90 por ciento de pura imaginación, pero a medida que mejore sus habilidades y sea capaz de dejar el camino preparado, tendrá la sensación de que está utilizando sólo un 20 por ciento de la imaginación.

A medida que vea desplegarse su pasado, deberá decidir cuánto tiempo se quedará en el camino guiado (hasta que esté totalmente comprometido con lo que está viendo) y cuándo abandonará la meditación preparada simplemente para observar los sucesos. Prepárese para esto en su meditación, escribiendo el camino exacto hacia ese período; luego, reviértalo para volver. Deje gran parte de la zona central abierta para poder ver lo que sucede. Si la exploración de las vidas pasadas es algo nuevo para usted, puede que necesite crear unas pocas escenas, para darle impulso a las visiones. Muchos principiantes precisan hacer esto las primeras veces que intentan una proyección hacia una vida anterior, por lo tanto, no se preocupe si le queda un impacto negativo de toda la experiencia.

Consejos y sugerencias para el método de meditación guiada

Comencé a usar la meditación guiada como método de proyección astral, tiempo antes de que conociera el nombre técnico de lo que estaba haciendo. Muchas veces he estado en la cama, ya tarde, o bien por la mañana temprano, adormecida pero no dormida, viajando en mi mundo de fantasía y pasando muy buenos momentos. Si usted es una persona que tiene una rica vida interior, llena de fantasías vívidas y ensoñaciones, quizás descubra que ya está haciendo este tipo de proyección. En caso contrario, encontrará que es una técnica fácil de aprender.

Esencias. Cuando se realiza una meditación guiada, los inciensos pueden usarse como ayuda para concentrar la conciencia astral en una meta especifica. A la esencia de lilas, desde hace mucho tiempo, se le ha atribuido el poder de abrirnos a experiencias de vidas pasadas. Los Wiccans y muchos ocultistas colocan una gota de aceite puro de lilas sobre el área del tercer ojo, para ayudar a que estas visiones se abran. El aceite de lilas también parece funcionar como filtro para mantener alejados los sucesos más perturbadores de vidas pasadas, hasta que usted se encuentre listo para enfrentarlos. La esencia de anís trabaja igual que la de lilas, pero por mi experiencia, tiende a llevar al viajero astral hacia aquellos sucesos del pasado que son más violentos y de contenido desagradable. Esto no significa que el anís sea una esencia "mala" para usar, simplemente, es una esencia con energías diferentes que producen un tipo de visión distinto.

Extractos. Se ha creído que los extractos de serbal o de

almáciga ayudan en los viajes que incursionan en el pasado, pero ambos pueden ser difíciles de conseguir. Puede hacer sus propios extractos de estos, hirviendo las hierbas y luego colándolas para obtener el líquido. El extracto de muérdago, por su parte, puede ayudar en viajes hacia el futuro. Aplique uno de estos extractos el tercer ojo, si desea usarlos para viajes astrales.

Piedras agujereadas. Las piedras con agujeros naturales pueden ubicarse sobre el tercer ojo, para actuar como portales hacia otros tiempos. Estas funcionan excepcionalmente bien, si intenta salir a través de este chakra. Muchas culturas las consideraron sagradas, viéndolas como símbolos del canal de parto de la eterna Diosa que nos da a luz, una y otra vez. La utilidad de este símbolo arquetípico es obvia, si usted trata de viajar hacia alguna de sus propias vidas anteriores.

Resumen del capítulo

Recuerde que usted siempre tiene el control de hacia dónde va. Si algo le sucede que no desea ver o si de pronto siente la necesidad de dejar la visión, simplemente vuelva a su sendero prefijado y regrese a casa. Esta ruta rápida para salir del plano astral es la mayor ventaja del método. De manera que recurra a ella, si debe hacerlo.

Capítulo 9

Método 5 de Proyección Astral:
Usar los Portales Simbólicos

Los símbolos empleados en las prácticas ocultistas y las prácticas religiosas son más que hermosos glifos, son símbolos potentes que han sido estudiados y empleados durante miles de años, para efectuar un cambio en nuestra conciencia. Los misterios que, simultáneamente, ofrecen y ocultan, los ubican en el umbral del tiempo en un punto donde se encuentran todos los mundos y los tiempos. Debido a esto, nos proveen de portales eficaces para el plano astral.

El método de empleo de portales simbólicos para proyecciones astrales ha sido muy común entre muchas líneas del ocultismo, particularmente entre aquellos involucrados en lo denominado ceremonial o alta magia, un sistema místico que se basa en las escuelas ocultistas judías, cristianas y egipcias.

Si se encuentra profundamente atraído hacia algún símbolo arquetípico, no permita que las barreras culturales le impidan usarlo. Algunos símbolos son para nosotros, como individuos, más significativos que otros, y todos están imbuidos de un gran potencial oculto.

El símbolo o símbolos que usted seleccione para iniciar la experimentación deben ser elegidos con cuidado. Necesitan reflejar antiguos temas arquetípicos gracias a los cuales la mente subconsciente se puede vincular consigo misma. Pero, para los principiantes, también precisan ser lo suficientemente simples en cuanto a forma y contenido, de manera tal que la mente no tenga demasiadas partes de una imagen en las cuales concentrarse de una sola vez.

Por ahora, deberá conservar el símbolo en la mente y en un papel, en la forma de un simple trazo lineal, preferiblemente en negro sobre blanco, sin color alguno. Las imágenes de muchos colores —tales como las cartas de tarot o los símbolos *tattwa* de los indios— suelen ser usados por ocultistas más experimentados, pero estos requieren un proceso totalmente diferente de visión interna y conviene reservarlos hasta que se cuente con alguna experiencia en esta área. En poco tiempo, entenderá las razones para esta cuestión.

Virtualmente, cualquier dibujo o glifo que esté intensamente asociado con el sistema espiritual o con otros aspectos de los estudios ocultistas, puede ser un portal simbólico hacia el mundo astral. En el libro, encontrará un diagrama de simples imágenes simbólicas arquetípicas adecuadas para los principiantes.

Después de seleccionar un símbolo para comenzar, necesitará componer una imagen física de este, que sea más grande. Precisará una cartulina blanca, quizás una regla para hacer líneas rectas y un marcador negro. Si desea sostener el símbolo en su mano cuando se sienta a meditar, entonces la cartulina debe tener un tamaño no mayor de quince centímetros de lado. Si prefiere ubicarlo sobre una pared, para mirarlo mientras está recostado, necesitará algo de unos cincuenta centímetros de lado. Para alguna de las técnicas aquí descriptas, también le hará falta un segundo trozo de cartulina blanca, cortada del mismo tamaño.

Reproduzca cuidadosamente el símbolo elegido, en el centro de la cartulina, y hágalo tan geométricamente exacto como sea posible. Utilice trazos gruesos y anchos que sean claros y fáciles de ver. Las reglas, compases y todas aquellas herramientas que utilizó en sus clases de geometría, serán de utilidad para ayudarlo a hacer su dibujo lo más exacto posible. ¡Y pensar que usted creía que nunca iba a volver a usar esas cosas después del secundario!

El día anterior a su primer intento en proyecciones astrales mediante el símbolo, dedique al menos veinte minutos a conocerlo íntimamente Deseará conocer al símbolo como a un viejo amigo; lo suficientemente bien como para generar una respuesta emocional inmediata en usted.

Obsérvelo y medite, no sólo en su significado general sino también en el significado que tiene para usted. Lea acerca de su origen e historia, como así también de sus energías simbólicas en culturas o épocas distintas de la suya. Recuerde que este es el símbolo que ha elegido para usarlo como portal hacia el plano astral, de modo que sus emociones y conceptualizaciones respecto de este afectarán directamente el mundo astral que usted encontrará con su ayuda.

Figura 5: En esta página y la siguiente,
ejemplos de portales simbólicos

| **Símbolo alquímico:** fuego | **La luna:** misterios | **Energías** masculinas |
| **Símbolo alquímico:** agua | **Venus:** energía femenina | **Símbolo alquímico:** Aire |

Pentagrama:
Protección, unidad,
espíritu victorioso

Ankh:
vida

Símbolo alquímico:
tierra

Rueda solar:
Eternos ciclos
de la tierra

Círculo:
Perfección
y eternidad

Cuadrado:
Estabilidad

Glifo del I Ching
"El viajero"

Antigua Diosa
energía

Triple luna:
Cambio oculto

Glifo del I Ching
"Empujando
hacia arriba"

Cruz latina:
Ascensión
(cristiana)

Sello de Salomón:
Unidad
y el creador

Es una buena práctica mirar los símbolos por unos minutos, antes de quedarse dormido. Estos símbolos son imágenes fuertes con las cuales el subconsciente se puede enlazar y llevarlo hacia el mundo de los sueños, lo cual le permite forjar un lazo aún mayor.

Los sueños subsiguientes que usted puede tener respecto del símbolo suelen ofrecerle una visión especial en cuanto a su significado, una visión que puede perder si se compromete en un estado de conciencia en los sueños. En algunos casos, se ha informado que estos sueños le dan una proyección astral espontánea, a través del portal simbólico elegido.

Todo esto es parte de un condicionamiento de su mente para hacer lo que usted desea. Cuando se tome el tiempo de prepararla en forma adecuada, su mente puede sorprenderlo con su deseo de actuar.

El portal simbólico como portal para los difuntos

En ocasiones, alguien que acaba de perder a un ser querido viene a preguntarme acerca del uso de un viaje astral como medio para visitar al ser que ha fallecido. Es ciertamente posible hacer esto mediante la proyección astral, pero el éxito depende de diversos factores que están fuera del control del que hace el viaje, puesto que el más importante es el deseo del espíritu de la persona muerta, por el contacto. Si alguien realmente desea hacer esto, casi siempre recomiendo el método del portal simbólico, como el mejor curso de acción.

Ciertos arquetipos se fijan fuertemente en nuestra psique como portales entre los mundos, en particular entre el mundo de los vivos y el de los muertos. Incluyen puertas, pozos, cuevas, fisuras, aberturas en formaciones densas de nubes, rayos solares visibles y los lugares vacíos detrás de los retratos que cuelgan de las paredes.

Otros medios para contactarse con el espíritu de alguien que ha muerto es pedirle a su guía espiritual que lo ayude a hacer la conexión. Su guía puede saber fácilmente si el espíritu está dispuesto a encontrarse con usted, y si así fuera, lo conducirá hacia el mejor lugar del mundo astral para ese encuentro.

Suele ser un sitio donde hay un portal simbólico que usted o el espíritu deberá trasponer para encontrarse con el otro. Otras veces —y he descubierto esto por mi propia experiencia—, el guía le pedirá que se quede de su lado del portal. Aun así, usted podrá tener un contacto físico tocándose, abrazándose, etc., pero su guía a menudo le solicitará que sus pies estén firmemente ubicados en el lado del portal que le corresponde a usted.

El proceso de proyección astral del portal simbólico

La imagen mental que utilizamos para ingresar el símbolo mismo es idéntica a la que ha fascinado por siglos, nuestra imaginación colectiva. Muchos de nosotros crecimos con la clásica historia para niños de Lewis Carroll llamada *Alicia detrás del espejo* (1872), en la cual una jovencita cae sin darse cuenta en una realidad paralela del otro lado de un objeto inanimado (el espejo). Con el fin de lograr una proyección astral mediante un portal simbólico, nosotros también pasaremos a través de un objeto inanimado, para ver el mundo del otro lado.

Al comenzar este proceso, tenga la carta o dibujo del símbolo elegido y también la cartulina en blanco. Si va a sentarse, puede sostener las cartas en la mano, pero si prefiere acostarse, debe sujetar la carta del dibujo y su doble al lado, sobre la pared frente a la cual estará trabajando. Esto deberá hacerlo en su dormitorio o en un lugar privado y tranquilo donde practique su proyección astral. El cuarto tendrá que estar tenuemente iluminado, lo suficiente como para poder ver el símbolo con claridad.

Haga cualquier preparativo que considere apropiado: encienda incienso, desvístase, use un talismán, ponga alguna música suave, encienda la calefacción para mantenerse abrigado, etc. Colóquese en la posición que haya elegido para trabajar. Si está sentado, sostenga la carta con el dibujo sobre la falda, con la carta en blanco detrás de ella. Si está acostado, estas deberán permanecer una al lado de la otra, sobre la pared directamente enfrente de su cama u otro lugar donde elija acostarse.

Invierta unos minutos en asegurarse si está lo suficientemente cómodo como para mantener esta posición durante una hora. Si no es así, efectúe los cambios ahora. Cierre los ojos, haga unas respiraciones profundas. A medida que empiece a liberar la tensión física, también libere cualquier pensamiento, sentimientos o intenciones negativas de la mente. Con cada respiración, siéntase relajar y libérese de las energías negativas de cualquier índole.

Continúe respirando despacio, asegurándose de que cada parte de su yo físico se relaje totalmente. Si necesita rever los pasos para una relajación progresiva, consulte el capítulo 1, antes de seguir. No hay necesidad de acelerar el proceso. Tómese el tiempo que necesite.

Cuando se sienta totalmente relajado, empiece a abrir sus ojos con lentitud y en forma parcial. No se permita despertar bruscamente del estado alterado de conciencia. Mantenga una mirada suave, levemente concentrada en el símbolo que comienza a observar que está en su falda o en la pared. Como principiante, quizás desee cerrar los ojos por unos momentos e intentar de nuevo, si siente que el acto de abrir los ojos lo ha despertado de su estado alterado. Tómese tiempo y rechace el sentimiento de frustración.

Una vez que sea capaz de abrir los ojos parcialmente, y aun así sentir que se encuentra en el estado alterado, comience a mirar el símbolo escogido. Esto, a menudo funciona mejor para nuestros propósitos, si intenta mirar a través del símbolo y no el símbolo mismo, como si buscara algo que se encuentra adentro y más allá de la carta física. Este arte se denomina *scrying*[1] y es el mismo que el clarividente emplea para mirar dentro de una bola de cristal o un recipiente con agua oscura, para tratar de obtener visiones.

Luego de algunos minutos, la imagen empezará a esfumarse en sus bordes, presentando una apariencia menos sólida. Cuando llegue a este punto, transfiera su mirada cuidadosamente hacia la carta en blanco que usted ha preparado. La imagen del símbolo debe aparecer en la carta, con los colores invertidos. En otras palabras, las partes oscuras aparecerán claras y las partes claras aparecerán oscuras. Esto se conceptualiza como la parte astral del símbolo, una imagen que es especular respecto del símbolo en el mundo físico. En este punto, puede permitir que su conciencia se desplace dentro del símbolo.

Si encuentra que esto es demasiado cambio de conciencia para manejarlo de golpe, existen varias visualizaciones apropiadas para ayudar a su conciencia a través del portal simbólico. Una manera es agrandando la imagen, mentalmente. Permítale que aparezca en su forma de imagen espejo —blanco donde debiera ser negro y negro donde debiera ser

---

[1] *scrying*: es un arte o mancia que significa ver más allá del símbolo (por ejemplo, mediante una copa llena de agua, o una bola de cristal). Es poder mirar más allá de la sustancia.

blanco— sin abrir los ojos. Visualice esto como si estuviera sucediendo en el interior de sus párpados. Cuando el símbolo sea tan grande como un portal estándar, visualícese entrando en él.

Un método alternativo que puede emplear —método que es del gusto de muchos ocultistas— consiste en visualizar la imagen espejo disolviéndose como un velo que usted puede descorrer para que le sea posible avanzar. O puede visualizar una puerta real que se forma en el símbolo, y completarla con un picaporte que usted hace girar. La puerta se abre y usted pasa.

Una vez que ingrese en el plano astral mediante este portal simbólico, se encontrará en una parte del mundo astral directamente influido por los siglos de formas mentales e imágenes construidas alrededor del símbolo. Por ejemplo, si elige el símbolo alquímico del agua, se encontrará en un reino dominado por este elemento.

Al principio, las imágenes del plano serán tan sorprendentemente simples como el símbolo. Quizás note que inicialmente todo luce como el negativo de una película, en blanco y negro, con las manchas claras de color oscuro, y las manchas oscuras, de color claro. A medida que se traslada a este mundo, primero advertirá que todos los tonos neutrales empiezan a transformarse en lo que deben ser: las cosas comenzarán lentamente a aparecer en colores.

Ahora que ha ingresado exitosamente en el símbolo, no tiene que quedarse allí. Usted está proyectado astralmente y puede viajar a cualquier lugar del plano astral a donde desee ir, encontrar a quien desee y aprender lo que desee. Sólo su deseo y su nivel de capacidad lo limitarán.

Cuando esté listo para concluir su sesión de proyección, deberá regresar por el mismo camino por donde ingresó. Desee mentalmente introducirse en el símbolo, en el lugar donde usted se encontró a sí mismo entrando en el mundo astral.

Deslícese a través de la imagen y transfiera su conciencia de regreso a su cuerpo, simplemente con anhelar estar allí. Permita que sus visiones mentales sean observadas desde el punto de vista del yo físico.

Todavía visualizando el símbolo, revierta la imagen que utilizó para abrir este portal. Por ejemplo: si quiso que se agrandara, déjelo encoger, si lo transformó en un velo, véalo transformarse en sólido nuevamente. Esto lo ayuda a cerrar el portal que usted abrió entre estos dos mundos, de modo que no se interfieran mutuamente y se molesten.

Ahora, comience a recobrar la conciencia del cuerpo físico. Una por una, recuerde la presencia de cada una de las partes de su cuerpo; empiece con los dedos de los pies y muévase hacia la zona superior del cuerpo. Empiece a flexionar las manos y los pies y abra los ojos lentamente.

Como siempre, este es el punto donde deberá celebrar su yo corporal. Haga ruido, coma, haga el amor o cualquier cosa que reafirme su existencia. Quizás desee "tomar contacto con la tierra" y visualizar la energía excedente que desaparece de usted.

No se olvide de registrar las experiencias, hechos, fracasos y cualquier otra impresión en su registro astral, para referencias posteriores.

Usar los portales simbólicos con colores

Después de haber ganado experiencia con los portales simbólicos en blanco y negro, puede recurrir a los de color. Los símbolos más frecuentemente usados son los símbolos *tattwa*: figuras geométricas que simbolizan los elementos de tierra, agua, fuego, aire y espíritu. El poder ingresar en estos mundos elementales nos ofrece un trampolín hacia el plano astral y nos enseña acerca de las cualidades de la naturaleza.

El proceso para ingresar en los símbolos de color es básicamente igual a los de blanco y negro, excepto por una cosa: se produce un cambio de color cuando se transfiere la mirada desde el símbolo de color hacia la carta en blanco. Si usted está familiarizado con las relaciones de colores o ha estudiado arte, sin duda conocerá el hecho de que mover la mirada de un objeto de colores hacia un espacio en blanco, origina una imagen fantasma que aparece en el complemento original del color.

Los colores complementarios se encuentran mutuamente opuestos en la rueda de colores (véase la Figura 6); por ejemplo, los negativos de película color aparecen en sus colores complementarios. La imagen que se presenta cuando desplaza su mirada del símbolo *tattwa* a la tarjeta en blanco, será el mismo símbolo, pero en su color complementario.

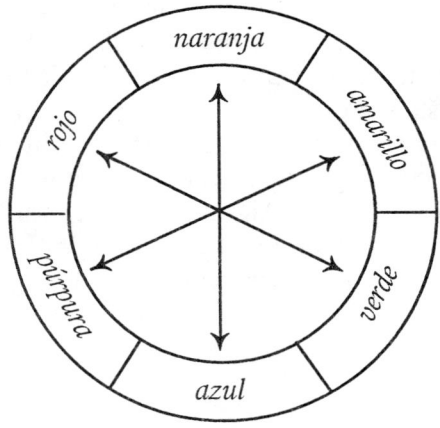

Figura 6: Colores complementarios en una rueda de colores

En la siguiente tabla, he usado la palabra "complemento" para describir la imagen fantasma resultante.

171

Símbolos Tattwa y sus colores

Elemento	Símbolo	Complemento
Tierra	Cuadrado amarillo	Cuadrado violeta
Agua	Creciente plateado	Creciente negro violáceo
Fuego	Triángulo rojo	Triángulo verde
Aire	Círculo azul	Círculo naranja
Espíritu	Ovalo negro	Ovalo blanco

Igual que con los símbolos blanco y negro, a medida que disminuye su conciencia y mira el símbolo de color, comenzará a advertir que se hace difuso alrededor de los bordes. También empezará a ver este color opuesto, rodeando el símbolo. En este momento, transfiera cuidadosamente su mirada a la tarjeta en blanco y deje que la imagen se reordene frente a sus ojos, en el color opuesto. Algunas veces encontrará que le es difícil sostener la imagen en el centro de la tarjeta en blanco, sin tensionarse. Si esto sucediera, cierre los ojos y comience nuevamente.

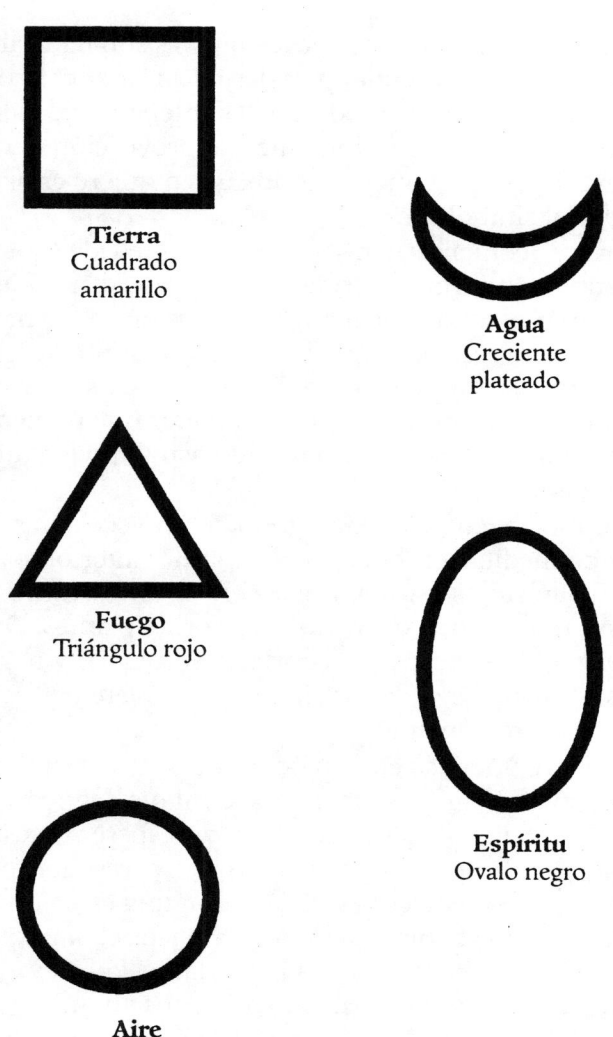

Tierra
Cuadrado
amarillo

Agua
Creciente
plateado

Fuego
Triángulo rojo

Espíritu
Ovalo negro

Aire
Círculo azul

Figura 7: Símbolos tattwa

Los símbolos de colores de los tattwas son naturalmente más complejos. Representan portales hacia las zonas complejas del mundo astral, de modo que es inteligente de su parte que, mediante su imaginación, inicie la proyección dentro de ellos, para llegar exactamente donde usted quiere estar detrás de ese portal simbólico.

Antes de comenzar, tenga en mente alguna idea que pueda estar detrás del portal determinado que usted haya elegido. En mi primera experiencia dentro de los mundos elementales a los cuales ingresé a través de un portal simbólico, quedé inmóvil ante el mundo astral del elemento en su forma más pura. Se necesitó alguna otra imagen o idea que pudiera estar detrás del símbolo, para que el mundo astral tuviera una forma manejable.

Tendrá que emplear su método de proyección astral y el método de meditación guiada del capítulo anterior, para que estos puedan funcionar para usted. Este es el motivo por el cual no se trata de una operación para principiantes. Después de haber tenido éxito con los portales en blanco y negro, intente estos, pero haga de los símbolos en blanco y negro su terreno de entrenamiento.

Si quiere iniciarse en la práctica de usar los símbolos de colores, procure agregar un tinte al símbolo blanco y negro con el que trabajó previamente. No se desespere con esto. Tan sólo elija el color que usted sienta que representa mejor al símbolo, y aprenda de esa elección. Ninguna elección le será perjudicial. Por ejemplo, usted podría hacer el símbolo luna de color plateado, símbolo de la habilidad psíquica y el poder femenino. Podría convertir al glifo de Venus en un fértil verde vibrante, o al símbolo Ankh de la vida, en algo de intenso color rojo sangre. La cruz latina podría ser de un dorado brillante.

A medida que realiza sus elecciones, no olvide que cada

elemento que agregue a su portal simbólico hará que sea más difícil sostenerlo en la mente, y creará un correspondiente complejo mundo astral, del otro lado. Hasta que usted no haya logrado el nivel para hacer esto, manténgase con un solo color y no intente probar más.

Las cartas de tarot como símbolos de portales astrales

Hay otro portal simbólico que es muy común entre quienes tienen experiencia con las cartas de tarot. Estos mazos adivinatorios de origen antiguo están cargados con un profundo arte simbólico. La baraja completa es una representación de los mundos interno y externo. Si comienza con la carta conocida como El Loco y sigue su camino ascendente por las otras cartas del mazo, habrá emprendido un camino de viaje espiritual desde novicio hasta adepto.

No recomiendo que utilice las cartas del tarot como portales simbólicos, todavía. Para poder hacerlo, se requieren destrezas de visualización superiores. Deberá ser capaz de sostener todas las imágenes de la carta en su mente al mismo tiempo, en los espectros de colores del mundo físico y del mundo astral. Los seres con los que se encontrará del otro lado serán los seres míticos. Lo desafiarán, lo pondrán a prueba, le harán bromas y lo declararon apropiado para poder quedarse entre ellos de acuerdo con su capacidad de convertir a estos enemigos en aliados para lograr el premio del crecimiento espiritual. Por ahora, esté consciente de que este tipo de proyección astral es posible en el futuro, y eso es muy satisfactorio.

Otra manera de usar el color

Si el manejo de los símbolos le parece demasiado ahora, y prefiere quedarse con imágenes neutrales (aunque a usted todavía le agrada la idea de utilizar la energía del color), intente encender velas del color que comparta la afinidad con el símbolo que haya elegido. Naturalmente, usted debe encender velas siempre que lo haga con seguridad. Concéntrese en la energía del *color* en oposición al *símbolo*, a medida que ingresa en su estado alterado. Este es probablemente el método del color más seguro, y es totalmente eficaz con respecto a la concentración en el significado de un símbolo.

En casi cualquier libro de prácticas ocultistas, encontrará una lista de asociaciones de colores para distintos símbolos. En cuanto a los elementos, la mayoría aconseja que usted experimente para poder descubrir exactamente aquellos que mejor funcionan para usted. Respecto de los cuatro elementos, utilice estos colores como guías para comenzar los experimentos de proyección astral:

Asociaciones de color para los elementos

Elementos	Colores
Tierra	Marrón, verde, amarillo
Agua	Violeta, plateado, azul
Fuego	Rojo, naranja, dorado
Aire	Azul, blanco, gris

Consejos y sugerencias para usar el método de proyección astral mediante los portales simbólicos

Las primeras veces que utilice este método, va a sentir como si estuviera haciendo una proyección astral, aunque sin encontrarse en el plano astral. En alguna medida, esto puede ser verdad, pero el proceso de la meditación guiada expuesto en el capítulo anterior, es un método que rápidamente puede transformarse en una verdadera proyección astral. Con la práctica, pronto se dará cuenta de que usted realmente se ha proyectado en el símbolo y que es capaz de hacerse responsable de su yo astral y viajar a cualquier lugar del plano astral que desee.

Nunca olvide que el símbolo que utilice como ingreso en el mundo astral tiene una conexión directa con esa parte del mundo astral en la que usted se encuentra inicialmente. Tendrá la libertad de trasladarse desde este sitio hacia otras partes del mundo astral, pero en la mayoría de los casos deberá volver al mismo lugar para su regreso a casa. Piense cuidadosamente las elecciones que haga. Tenga cuidado de no elegir una imagen que resulte tan inhospitalaria en el plano astral que acarree problemas para salir de ese punto.

Al menos, parte de ese problema puede ser controlado agregando aspectos del proceso de meditación guiada, al del portal simbólico. En muchos casos es casi esencial que haga esto, ya que muchos de los mundos a los que estos glifos llevan son de una naturaleza tan básica que casi no ofrecen lugar para la exploración.

Al comienzo de este capítulo, mencioné mi primera experiencia cuando ingresé en el mundo astral mediante un símbolo, el que corresponde al elemento tierra. Al ingresar en el plano astral, me encontré atrapada en lo que era posiblemente una profunda fisura subterránea dentro de la tierra. No podía ver nada, ya que en el subsuelo no hay luz natural. No importaba cuánto esperara, mis ojos no podían adptarse, simplemente no había luz de la cual pudiera irrumpir alguna imagen.

Después que un amigo me contó acerca de una experiencia similar cuando ingresó en el plano astral mediante un símbolo de aire, comencé a experimentar usando imágenes guiadas para crear un mundo inicial que representara el elemento tierra, pero dejé la experiencia lo suficientemente abierta como para permitir el aprendizaje y viajar más lejos en el plano astral.

Los inciensos, aceites u otras sustancias intensificadoras que utilice junto con el proceso del portal simbólico, funcionan mejor si están ajustadas a las energías del símbolo específico que ha elegido. Por ejemplo, en el caso de los símbolos relacionados con los cuatro elementos (tierra, agua, fuego y aire) usted querrá usar una esencia que esté "regida" por el elemento específico o que comparta cierta afinidad con el mismo.

Asociaciones de los elementos con las esencias

Elementos	Esencias
Tierra	Patchuli, madreselva, prímula, magnolia, arvejilla
Agua	Vainilla, manzana, jazmín, madera de sándalo, muguete, loto
Fuego	Canela, laurel, clavo de olor, nuez moscada, naranja, romero, incienso de olíbano
Aire	Menta, lavanda, anís, arce, citronela, siempreviva, salvia

Para los símbolos no elementales, usted deberá hacer su propia investigación. Los libros acerca de perfumería y herboristería ocultista son excelente fuentes para iniciar esta búsqueda y yo aseguro que cualquier hechicero u ocultista posee al menos una de estas referencias (véase la bibliografía, para algunos títulos específicos).

Otros recursos pueden encontrarse en libros que exploran la espiritualidad y el misticismo de un sistema espiritual particular. Por ejemplo, para investigar las esencias y colores asociados con el Ankh o los Cuernos de Isis, deberá consultar un libro acerca de prácticas espirituales egipcias. A continuación verá una breve lista de sugerencias para esencias y colores que corresponden a algunos de los símbolos más frecuentes. Esto debe darle el empuje inicial.

Asociaciones de esencias y colores para símbolos especiales

Símbolo	Esencias	Colores
Cuernos de Isis	Amaranta, canela, patchuli, verbena	Dorado, amarillo, azul
Cruz Latina	Agrimonia, hisopo, mirra, olivo	Plateado, dorado, verde
Estrella de David	Acacia, laurel, tomillo, pimienta inglesa	Violeta
Glifo de la Luna	Jazmín, loto, vainilla, madera de sándalo	Plateado, violeta
Glifo de Marte	Albahaca, comino, menta, jengibre	Rojo
Pentagrama	Laurel, salvia, romero, Incienso de olíbano	Azul, amarillo
Rueda solar	Nuez moscada, naranja, clavo de olor, tabaco	Dorado, naranja

Capítulo 10

Método 6 de Proyección Astral:
Salir de los Sueños

En el capítulo 4, la proyección astral se define como un estado donde la conciencia está inmersa en un plano o lugar diferente de aquel donde se encuentra el cuerpo físico. Mediante esta definición, el acto de soñar es también una forma de proyección astral. A muchos principiantes les sorprende descubrir que gran número de viajeros astrales hacen poca diferencia, o ninguna quizás, entre soñar y proyectarse astralmente. Por el contrario, han descubierto que aprovechar el poder de los sueños puede ser un canal excelente para un viaje astral controlado.

Un tipo de control de los sueños sumamente publicitado es lo que se denomina *sueño lúcido*, un estado en el cual el que sueña está consciente del sueño, por completo, pero aun así permanece dormido y toma el control del contenido de los sueños para encaminarlos hacia determinada dirección. Una vez logrado esto, todos los mundos, el tiempo y los lugares se abren para usted. Este es el hecho que hace del sueño lúcido un acto de proyección astral.

El término *sueño lúcido* fue acuñado a fines de 1960 por el psicólogo e investigador de sueños, Frederik van Eeden, y nunca se lo reemplazó. Los libros sobre el tema han disfrutado de picos y valles de popularidad en las últimas dos décadas, aunque queda alguna confusión acerca de lo que el término realmente significa.

El sueño lúcido se refiere realmente a la condición en la cual usted reconoce que está durmiendo *mientras* duerme y, en vez de despertar, permanece dormido para hacerse cargo de sus acciones y reacciones. En medio de un sueño lúcido, una persona puede hasta abandonar el actual canal de sueño y viajar a otro lugar para completar ese sueño. Por lo tanto, de todas las formas que se puedan contar, el sueño en realidad se trasforma en una experiencia del mundo interno que es como una proyección astral. Sueño lúcido no es lo mismo que control del sueño.

El *control del sueño* puede suceder cuando el que sueña está consciente o no del acto de soñar. Aunque el que sueña puede haberse quedado dormido, con el plan consciente de soñar acerca de algo determinado, y aunque en realidad pueda seguir y tener un sueño acerca de ese tema. El que sueña tendrá poco o ningún control sobre los detalles y orientación del sueño. Por lo tanto, el *control* del control del sueño se refiere al hecho de poder decidir sobre el tema del sueño, no acerca del contenido o línea de sucesos.

Los adultos jóvenes son buenos para lograr este tipo de control no lúcido, aunque lamentablemente pierden su capacidad en la medida en que promedian la etapa adolescente, los años en los que la sociedad les enseña a dejar atrás el mundo de fantasía y a centrarse en la "realidad" de prepararse para el futuro.

Me gusta el sueño lúcido como plataforma de lanzamiento para la proyección astral. En realidad, no he encontrado ninguna diferencia entre estas dos experiencias. Aprendí a dormir lúcidamente, muchos años antes de aprender a proyectarme astralmente con conciencia, pero me llevó muchos años más poder descubrir cómo se conectaban los dos. Me iba muy bien, aunque no estaba haciendo todo lo que podía con la habilidad. Durante mis primeras experiencias lúcidas, tendía a permitir que las leyes de la realidad física gobernaran los sueños. Una vez que me daba cuenta de que mis sueños lúcidos eran proyecciones astrales, descubrí que podía romper esas reglas. Podía volar, viajar a mundos de fantasía o buscar vida en otros mundos. En los sueños lúcidos, estaba tan libre en el plano terrestre como en la proyección astral.

Si desea que este método de proyección astral funcione para usted, primero debe ser capaz de reconocer que está soñando mientras se producen los hechos. Eso significa que debe saber, sin dudar, que usted sueña todas las noches. Algunas personas insisten en que nunca sueñan y hasta se enorgullecen de ello. Lamento decirles que esto no es verdad. No sólo los seres humanos sueñan, todos los mamíferos lo hacen. Los sueños aparecen como una parte de los patrones de sueño natural que todos tenemos. Durante el transcurso de una noche promedio de ocho horas, los seres humanos entran en un estado de sueño hasta seis veces. Esto significa que usted tiene en una noche promedio, seis oportunidades de reconocer que se encuentra soñando. Cuando nos quedamos dormidos, primero avanzamos rápidamente hacia el nivel delta (o el más profundo) de sueño, y permanecemos allí unas dos horas. Esta fase delta inicial constituye el período más largo de sueño a nivel profundo que tenemos en la noche. Luego, nuestro cerebro se mueve hacia el nivel theta y al alpha, nuestro estado de sueño más liviano. Este primer período alpha es el período alfa más corto de la noche. A medida que pasan las horas, vamos subiendo y bajando estos ciclos, los períodos de sueño profundo se hacen más cortos y los de sueño más liviano se vuelven más largos.

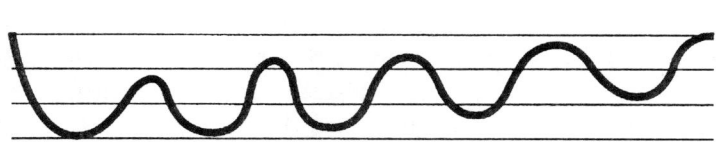

Figura 8: Patrón de ciclo de sueño de una noche normal

Es durante estos períodos de sueño más liviano cuando soñamos. El estado dormido en el que se sueña se llama sueño REM[1], una sigla que significa *movimiento rápido de ojos*. Debajo de nuestros párpados cerrados, los globos oculares están activos y se mueven rápidamente de lado a lado, a medida que *vemos* cómo se despliegan nuestros sueños. Aumenta la respiración, los músculos se crispan, y algunas veces sube la presión arterial. Durante los períodos de sueño REM, los músculos voluntarios de nuestro cuerpo se paralizan, por un producto químico que segrega el cerebro. Este es un mecanismo de protección que tienen los mamíferos para evitar que nos levantemos físicamente y desempeñemos los roles de aquello con lo que estamos soñando.

La mayoría de nosotros ha visto a las mascotas en este estado. Gimen o gruñen, las garras se crispan como si estuvieran tratando de correr, pero no pueden, porque el cuerpo está paralizado.,

Hace muchos años, leí acerca de un investigador sobre el sueño, quien le dio a un gato la droga que bloqueaba el mencionado producto químico que producía parálisis. Cuando el gato soñaba, se levantaba y, con los ojos aún cerrados, hacía todas las acciones correspondientes a lo que estaba soñando.

---

[1] REM: rapid eye movement.

Los investigadores no están todavía seguros acerca de qué es lo que dispara la activación del químico paralizante, pero debe tener algo relacionado con el movimiento rápido e involuntario de los ojos. El simple acto de hallarse en el estado mental alfa no es suficiente. El químico bloqueante no es enviado por aquellos que meditan, ni aun por aquellos que pueden meditar profundamente por períodos prolongados. La gente que se involucra profundamente en la meditación guiada —un estado durante el cual se puede poner en obra el estado del sueño— tampoco se paraliza.

Como otros viajeros astrales, los soñadores lúcidos, a menudo están conscientes de manera simultánea, de su yo astral y su yo físico, y algunos informan que incluso están conscientes de su parálisis. Muchos piensan que es una sensación perturbadora, ya que no se parece a nada que hayan experimentado durante otros ejercicios de estados alterados. Algunos hasta se distraen de su lucidez a medida que el cerebro trata de manejar las reacciones de miedo, en ocasiones con resultados extravagantes.

Cierta vez, alguien me dijo que durante el sueño lúcido, creyó que los demonios lo estaban manteniendo inmóvil y trataban de poseer su cuerpo. Ya en estado consciente, comprendió que esto era un hecho perfectamente natural durante el período de sueño REM; entonces las alucinaciones demoníacas cesaron y pudo así disfrutar de su nueva habilidad.

Si usted siente esta conciencia dual, simplemente sepa que es una parte natural del sueño. Nada está tratando de tomar control de su cuerpo, poseerlo o invadirlo. Lo mejor para hacer en una situación como esta es soltarse mentalmente del estado físico y tratar de concentrarse en el de sueño, como un trampolín hacia la proyección astral.

Aun si decide preferir otros métodos de proyección astral además de este, la posibilidad de tener sueños lúcidos tiene otros beneficios. El sueño lúcido es terapéutico, un estado de sueño controlado que le permite elaborar sus problemas, usando diferentes soluciones. Puede ayudarlo a enfrentar y superar los terrores de las pesadillas y de cualquier otro sueño recurrente que sea perturbador.

Aumentar la conciencia del sueño

Ahora que hemos establecido que todos nosotros soñamos, el siguiente paso es recordar el haber soñado. Si al despertarse no puede recordar haber tenido por lo menos un sueño, necesitará aumentar su conciencia notablemente. Observe que no dije que necesita aumentar su capacidad de recordar los sueños, tan sólo la conciencia. Estos son dos conceptos diferentes.

En lo que respecta al recuerdo de los sueños, la existencia de un diario de sueños es lo mejor para ayudar a que los recuerdos nocturnos aparezcan al despertarse. Muchas personas detestan tanto trabajar con un registro de sueños que hasta puedo escuchar los quejidos, en el instante en que escribo esto. Pero como nos estamos dirigiendo a la conciencia y no al recuerdo total, la forma en la que usamos el diario de sueños es mucho menos severa.

Recordar con fidelidad la mayor cantidad de detalles del sueño, rápidamente aumentará su capacidad de evocación; por desgracia, también lo interrumpirá durante aquellos períodos en los que procure estar lúcido. He conservado muchos diarios de sueños en mi vida y encontré que, después de varios meses, me levantaba hasta seis veces por noche, con sueños muy vívidos para registrar.

Este método de despertar a toda hora para un registro minucioso ofrece ventajas, si la meta es tener sueños proféticos o recuerdos de vidas pasadas, pero para lograr el sueño lúcido, sólo necesita estar consciente de que en algún momento de la noche ha soñado.

Todo lo que precisa hacer es conservar registro de su sueño, después que se despierta naturalmente en la mañana. Ni siquiera tiene que relatar todos los detalles, sólo unos pocos puntos, de manera que usted está consciente de que el sueño se produjo. Cuando realmente usted se deja llevar por los detalles del sueño, tenderá a despertarse en medio de los sueños. Esto es un problema, ya que lo que desea es recordar el hecho de que está soñando, pero al mismo tiempo permanecer dormido para poder controlar los contenidos de aquello con lo que sueña.

Otro método popular de evocación de sueños, que no es recomendable como para llegar al sueño lúcido, es fijar durante la noche alarmas durante intervalos. Es un método aleatorio que se basa en atraparlo a usted en un estado de sueños que recordará. Nuevamente, esto sólo lo condicionará a despertarlo durante los sueños y no a reconocerlos.

Aprender a reconocer el estado de sueño

Para reconocer que usted está soñando *mientras* sueña, deberá engañar a su mente consciente para que use su capacidad más poderosa: el razonamiento analítico. Usted debe atraer este componente hacia el proceso, haciendo que su mente se cuestione constantemente si está dormido o despierto. Plantearse usted mismo esta pregunta mediante los disparadores del mundo físico es el método sugerido más a menudo en los libros y artículos que tratan sobre sueño lúcido. Por ejemplo, cada vez que coma algo o trasponga un umbral o portal, o pase por un semáforo, deberá preguntarse a sí mismo: "¿Estoy soñando?"

Me adhiero a los que piensan que es una buena idea practicar, dándose pistas como esta cuando todavía está despierto, pero descubro que al menos que usted tenga secuencias de sueño muy predecibles, el seleccionar pistas del mundo físico al azar no es muy productivo. Los sueños que la mayoría de nosotros recordamos son aquellos con un mayor contenido emocional, no aquellos en los cuales estamos manejando actividades mundanas. Es mejor usar claves que llamen su atención, ya sea dormido o despierto.

Trate de darse señales, preguntándose si está durmiendo cuando escuche algo increíble o algo movilizador, o cuando suceda algo que lo haga muy feliz o lo ponga muy triste. Esto puede ser tan simple como escuchar en el trabajo acerca de una nueva política que le resulte incomprensible, o mirar programas con titulares conmovedores.

El descreimiento es una emoción fuerte que puede tener eco en todo su sistema, comprometiendo cada parte de usted en el esfuerzo de encontrar nuevamente el equilibrio. Repercute a través de todo el cuerpo emocional, que es de lo que está hecho el yo astral. Las emociones fuertes son temas en los cuales tanto la mente consciente como la subconsciente mostrarán interés, y el impacto que provoquen en la totalidad de su ser hará que se trasladen mucho mejor hacia su mundo de sueños.

Cuando estaba a la caza de buenas pistas emocionales, encontré que podía trabajar desde *adentro* del sueño. A menudo soñaba con parientes que habían muerto; durante el sueño, solía sentirme inquieta. Sabía que había algo malo. Estas personas ya no estaban vivas. No era posible que interactuara con ellas en lo que aparentaba ser la realidad cotidiana para mi mente soñadora. Algunas veces sentía que estaba de duelo y a la vez interactuando, todo al mismo tiempo. Era desagradable.

Después de algunos esfuerzos, pude formular la pregunta "¿Estoy soñando?", contestarla y hacerme responsable de los sueños. La clave para hacer este trabajo era mi estado emocional. Era consciente de mi alegría al ver a estos miembros de la familia y saber que algo en esta dicha no estaba bien, y que la corriente implícita de aflicción, al mismo tiempo me empujaba hacia la tristeza.

Otra forma de ingresar en el estado de sueño lúcido es despertando de un sueño, pero, en vez de asumir total conciencia, simplemente volver y replegarse hacia el sueño mediante una toma de control de este. Hágalo y decida inmediatamente cuál es el curso de acción que desea realizar en el sueño, luego véase a usted mismo realizándolo de la misma forma en que lo haría como si estuviera practicando la meditación guiada (véase capítulo 8). Esta técnica siempre ha funcionado bien para mí. Debido a una enfermedad crónica, tengo un sueño liviano y a menudo no entro en los niveles delta. Una vez logré pasar cinco horas en un viaje astral, usando este método.

De acuerdo con el Dr. Stephen LaBerge, autor de *Sueños Lúcidos*, sólo alrededor de un diez por ciento de los sueños lúcidos se producen de esta manera, pero mi experiencia y mi conversación con otras personas, me han demostrado que el porcentaje es de aproximadamente el doble. Esto quizás suceda porque por un tiempo, mis diálogos generalmente involucran caminos ocultos y religiones misteriosas, lo cual condiciona para hacer que funcionen estos ejercicios de mundos internos. De cualquier manera, vale la pena el esfuerzo, para ver cómo opera en su caso.

Si usted es alguien que normalmente no se duerme con facilidad, permita que su mente fluya en un estado de sueño controlado, mediante la meditación guiada. Deje que las imágenes jueguen en su cabeza como una película, a medida que se queda dormido. Deberían continuar en el estado de sueño o ser fácilmente aprehendidas cuando alcance su primer ciclo REM. Planifique concentrar su energía mental en algo que a usted lo comprometa mucho. Regocíjese en su fantasía más querida. No debe ser, y probablemente no será muy bien planificada de antemano. Alcanza con que tenga una idea general de lo que desea imaginar.

La gente joven es adepta a este método del sueño lúcido y muchos son envidiablemente capaces de lograr de esta forma viajes astrales muy claros. Puede que esto suceda porque tienen vidas con fantasías muy ricas y todavía son lo suficientemente jóvenes como para tener todos los caminos de la vida aún abiertos para ellos. Y los escenarios del mundo interno con los que pueden involucrarse son infinitos.

Si usted está en los veinte años o más, mire retrospectivamente y vea si puede recordar una época de su vida donde tales cosas sucedían con naturalidad mientras estaba en la cama y semidormido. El estar semidormido se denomina estado hipnogógico: un estado variable durante el cual su mente es altamente sugestionable, sobre todo si es joven. Existe la posibilidad de que usted, en alguna medida, haya realizado esta actividad aunque no la haya reconocido por lo que es.

En plaza, hay varios instrumentos preparados para ayudarlo a conocer cuándo entra en el estado REM. Utilizan los mismos métodos que los laboratorios del sueño han usado para documentar el fenómeno de sueño lúcido, mediante la medición de la relajación del cuerpo, la actividad cerebral, la respiración y niveles de presión de la sangre, y lo más importante, los movimientos oculares. Tales instrumentos lo alertan mediante señales luminosas o sonidos, y algunas personas informan que esto funciona muy bien. Si elige usar uno de estos, tenga cuidado de no permitir que se transformen en una muleta sin la cual usted no pueda desempeñarse. Usted debe tener la capacidad de reconocer de manera independiente los estados de sueño, de modo que pueda usarlos en cualquier lugar y en cualquier momento, como trampolines hacia el mundo astral.

Una vez que pueda responder a la pregunta central: "¿Estoy soñando?" afirmativamente, permítase tomar el control e ir a donde quiera que desee hacerlo. Esto *es* una proyección astral; un estado que debe durar hasta que se despierte o hasta tanto caiga nuevamente en un estado theta de sueño. No sufrirá daños por esta recesión natural hacia un sueño más profundo e incluso, puede descubrir que su próximo ciclo REM de sueño le permitirá continuar en su viaje astral desde el lugar donde lo dejó.

Algunos maestros de sueño lúcido le piden que se concentre en una imagen en particular, para poder disparar una conciencia del sueño. Esto se hizo popular recientemente, mediante los escritos de Carlos Castaneda respecto de su aprendizaje con el maestro espiritual yacqui, Don Juan. Se le pidió a Carlos que sostuviera sus manos frente a la cara mientras estaba soñando, para luego ver los sueños. En ese punto, se tornaría lúcido.

He conocido a muchas personas que juran que este reconocimiento de los sueños realmente funciona para ellos, pero para mí ha sido excepcionalmente difícil. En mi opinión, si usted está lo bastante consciente de su estado de sueño como para recordar que tiene que mirar un objeto en particular, está lo suficientemente lúcido como para proyectarse astralmente.

Si quiere probar este método, le recomiendo que seleccione un objeto al cual mirar, que esté siempre presente: una mano, el pie, o la pierna, por ejemplo. Dígase a sí mismo que si usted ve su propia mano u otra parte del cuerpo, se dará cuenta de que está soñando. Puede intentar asegurarse de que vea la parte del cuerpo elegida, diciéndose a sí mismo que eso es lo que va a hacer.

El proceso de proyección astral del sueño lúcido

A diferencia de los métodos previos en este libro, que le piden buscar un sitio privado ya dispuesto para realizar su proyección astral, este método funciona mejor durante el curso de su descanso nocturno cotidiano. Aun así deberá hacer los preparativos que prefiera: desvestirse, usar un talismán (siempre que no lo coloque alrededor de su cuello), escuchar música suave, aumentar la calefacción para sentirse más abrigado, etc., pero evite encender algún tipo de fuego o poner algo en movimiento que no pueda controlar durante todo su descanso nocturno.

Si ha elegido alguna forma de meditación guiada (tal como la fantasía personal) para dejarse llevar hacia un estado de sueño lúcido, es mejor que vaya a dormir una hora antes de lo habitual, para que no se encuentre demasiado cansado al poner su energía en el escenario que desea ver.

Acuéstese de espaldas, con los brazos sueltos a los costados o elevados sobre la cabeza. Estas son posiciones que los chamanes de distintas culturas han utilizado para ingresar en el sueño sagrado. Parecer conducirnos hacia otros mundos. Evite acostarse de costado o con el estómago hacia abajo, mientras aún está aprendiendo, puesto que a estas posturas tendemos a asociarlas con estados de sueño relacionados con muertos para el mundo, que no invitan a las experiencias psíquicas. Absténgase de ubicar las manos y brazos sobre el estómago, ya que esto puede producir las mismas tensiones que cruzar las piernas y los brazos mientras está sentado. Alguna gente cree también que hacer esto impide el flujo de energía hacia los chakras y desde ellos.

Invierta unos instantes en asegurarse de que está lo más cómodo posible, al menos lo suficientemente cómodo como para poder mantener esta posición hasta caer dormido profundamente sin soñar. Si no se siente cómodo, efectúe los cambios ahora. Luego, cierre los ojos y haga unas respiraciones profundas. A medida que empiece a liberar la tensión física, también libere cualquier pensamiento, sentimiento o intenciones negativas de la mente. Con cada respiración, siéntase relajar y libérese de las energías negativas de cualquier tipo.

Continúe respirando despacio, asegurándose de que cada parte de su yo físico se relaje. Usted quiere permitirle a su cuerpo precederlo en el sueño, mientras condiciona su mente hacia su mundo de sueños elegido. Los principiantes pueden tener problemas y no quedar dormidos inmediatamente, una vez que se relajan por completo. La práctica lo ayudará a extender el período consciente, de manera que acuéstese un poco más temprano que lo habitual.

Si va a regodearse en una fantasía personal como una manera de entrar en la lucidez, permita que las imágenes se formen ahora. Hágalas tan reales y comprometedoras como le sea posible. Acceda a que su deseo más íntimo pueda verse en la pantalla de cine de su mente.

Si intenta: 1) Volver a dormir después de despertar de su estado REM, o 2) Guiarse mientras está en el estado REM, permítase quedarse dormido en forma natural, en tanto se condiciona mentalmente con palabras e imágenes para reconocer el hecho de que usted está soñando cuando comienza, pero que puede permanecer en el estado de sueño y no despertar. A medida que va quedándose dormido, pregúntese varias veces si está soñando. En este estado hipnogógico, se producirán algunas imágenes de sueños, y estos indicios lo ayudarán a saber qué se siente al poder reconocer un sueño. Cuando pueda contestar la pregunta "¿Estoy soñando?" de manera afirmativa, tome el mando y diríjase a hacer lo que quiera o donde quiera.

Despertar del estado REM es bastante fácil, ya que tiene lugar durante los estados más livianos del sueño, y esto puede exacerbarse cuando se da cuenta de que está soñando por primera vez. Desde la infancia, hemos sido condicionados para considerar estas visiones del mundo interno como "simplemente sueños". Nos han dicho que no son reales. En muchas circunstancias, hemos sido entrenados para creer que despertar es mejor, si sabemos que estamos soñando, ya se trate de un sueño agradable como de una pesadilla.

Si la emoción de reconocer su estado de sueño lo despierta (como me sucedió a mí al comienzo), simplemente cierre los ojos y mentalmente tome el mando de su yo, en sueños. Esto parecerá forzado al principio, pero a medida que la mente cae hacia los niveles alfa más profundos, su estado de sueño deberá hacerse presente completamente, y con suerte podrá continuar.

Cuando despierte por la mañana, probablemente se encuentre otra vez en medio del estado REM, al menos que sea una de esas temibles mañanas en que debe despertarse mediante el reloj despertador. Si tiene el placer de despertar de a poco, trate inmediatamente de proyectarse de nuevo a un estado de sueño. El propósito es intentar el sueño lúcido o recobrar el recuerdo de los sueños en los cuales usted logró lucidez y proyección astral pero estaba sólo borrosamente consciente de ello.

Igual que con las experiencias de sueño, las experiencias astrales tienden a sentirse irreales al despertar, y los detalles se hacen más confusos cuanto más despiertos estamos. Inmediatamente después de despertar, registre en su diario astral cualquier imagen de sueños lúcidos o cualquier experiencia de proyección astral, para evitar la pérdida de detalles.

Consejos y sugerencias para el método de proyección astral mediante el sueño lúcido

Este es un método de proyección astral que no acepta fácilmente la ayuda externa. Durante una noche promedio de ocho horas, tendrá sólo cinco o seis oportunidades para ingresar y reconocer que se encuentra en un estado de sueño REM. Existen menores oportunidades, si duerme menos tiempo. Poco puede hacer para aumentar los períodos de sueño REM, y no hay preparaciones de hierbas capaces de ayudarle a reconocer sus sueños. Algunas veces, el incienso —que se dice abre a los que duermen hacia sueños proféticos (así como el jazmín o la verbena)— puede ser de ayuda en función de propiciar sueños más interesantes, pero no servirá en la omni importante lucidez.

Si el insomnio es un problema crónico mientras está tratando de aprender acerca del sueño lúcido, procure usar tés de agrimonia, valeriana o hierba gatera. Todos ellos han sido utilizados como inductores naturales del sueño, aunque no aumentan el sueño REM. Estos productos son ciertamente mejores para usted que las pastillas sedantes, las cuales deben ser evitadas a cualquier costo. Aun aquellas variedades de venta libre que básicamente contienen difenhidramina, promueven un sueño antinatural donde se puede ver notablemente reducido el tiempo del REM. La mayoría de los medicamentos para dormir, que recetan los médicos, tales como el amitriptilene (el cual es usado generalmente como antidepresivo) están preparados para producir en aquellos que los toman un estado tan delta, o sueño profundo, como sea posible. Estos inhiben seriamente el estado REM, lo cual ni es saludable ni conducente a sus propósitos.

Para una mejor oportunidad del sueño REM, trate de reorganizar su planificación personal de modo que le sea posible tener tanto descanso por noche como el cuerpo lo requiera, a fin de poder funcionar adecuadamente. Para la mayoría de las personas, esto corresponde a entre seis y nueve horas. Seguir un patrón regular de sueño durante aproximadamente una semana, permite que el estado REM venga a usted en ciclos regulares. Estoy consciente de que encontrar ocho horas por noche para dormir es un problema. Para la mayoría de nosotros, la vida es tan agitada que impide un descanso adecuado, y tratamos en vano de recuperarlo los fines de semana. Si es totalmente imposible que pueda dormir lo suficiente todas la noches, trate de decirse a sí mismo que debe estar más consciente a medida que se aproxima el ciclo de sueño, ya que es entonces cuando usted puede llegar a tener las experiencias REM más reconocibles.

Tercera Parte

El Siguiente Paso

Introducción a la Tercera Parte

Desafiar los Límites

Las restricciones de tiempo y espacio fueron establecidas en su mente por la sociedad en la que nació, pero por fortuna, no tienen significado en el mundo astral. Una vez que se dominan las técnicas básicas de proyección astral, usted nunca más deberá existir tan sólo dentro de los límites que nuestros cerebros "culturizados" perciben como los únicos posibles.

En cuerpo astral, puede visitar otros países o planetas, otros tiempos y épocas, y comunicarse con las personas y los espíritus que están físicamente lejos de nuestro mundo cotidiano. Con la maestría de esta habilidad, devendrá el placer de hallarse "en dos sitios al mismo tiempo" cuando así lo queramos o deseemos. Puede elegir viajar hasta el lecho de seres queridos enfermos, y ayudarlos a sanar de sus dolencias; leer y comprender los Registros Akáshicos; ingresar en el mundo de los espíritus de la Naturaleza; explorar los reinos de los elementales; reunirse con los difuntos; hacer cambios profundos en su vida física y asistir a clases de las materias que desee. La proyección astral puede ser también una herramienta valiosa para el crecimiento espiritual y el autoconocimiento, ya que en el plano astral, aprendemos mediante nuestras propias exploraciones como así también con la asistencia de los guías y maestros con quienes nos reunimos en nuestros viajes.

Estos últimos capítulos le darán un panorama general de diversas prácticas que resultan usualmente sencillas para los principiantes, y le proveerán las claves para que comience a explorarlas. Se puede obtener mayor ayuda consultando el apéndice y la bibliografía, al final del libro.

Capítulo 11

Ver los Registros Akáshicos

Muchas personas con inclinaciones espirituales desean aprender la proyección astral con un solo fin: ser capaces de ver sus Registros Akáshicos. Esta es una loable meta. Eleva la proyección astral de ser sólo un ejercicio "para volar y mirar las cosas" a ser un arte espiritual que pueda ofrecerle el autoentendimiento que necesita para crecer.

Los Registros Akáshicos son un compendio de todo lo que le ha pasado a cada alma desde el momento en que fue creada, hasta el presente. El término viene de la palabra hindú *akasha*, que significa espíritu o alma. El psicólogo C. G. Jung introdujo para nosotros el concepto de "inconsciente colectivo", el cual efectivamente puede comprenderse como un registro astral de todos los hechos pasados y futuros, pensamientos, acciones e intenciones. La experiencia ha demostrado que estos registros se catalogan por cada individuo, de modo que cada persona puede conocer el eterno avance de su alma hacia sus metas.

Ya que los Registros Akáshicos no son más que imágenes que se han impreso permanentemente en el plano astral, las maneras en las que podemos verlas están limitadas a nuestra imaginación. Lo más común es ver los registros como un libro gigante, donde podemos leer acerca de nuestro largo pasado. Algunos ven este libro como parte de una gran biblioteca astral llena de los libros de las demás almas, otras como un solo volumen sobre un pedestal etéreo en el medio del plano astral. Algunos leen las palabras de los libros, y para otros, el libro se transforma en un espejo en el cual las acciones y los hechos pasados se despliegan en todos sus detalles.

Mis registros nunca se me han aparecido en forma de libro. En su lugar, se muestran proyectados sobre una pared, como en la pantalla en un cine. En ocasiones, me encuentro mirando sola, pero la mayoría de las veces mi espíritu guía se sienta junto a mí, por propia voluntad o a pedido mío. Alguna vez, mi guía hasta me informa que hay otros registros que debería consultar, pues serían más útiles para mí. Esporádicamente, me hace algún comentario, pero lo habitual es que me permita hacer las cosas por mí misma y no me diga nada, salvo que le formule preguntas directas.

Puede suceder también que escuche una versión en audio, de los Registros Akáshicos, con toda la actuación y comentarios que esperaría de una buena producción radial. Conocí a una mujer cuyo espíritu guía le decía en detalle todo lo que necesitaba saber. Una amiga artista mira los registros sobre los hombros de un artista duende, que hace dibujos sobre un gran cuaderno de notas. A medida que observa, los dibujos cobran vida y actúan los hechos que ella está repasando. Su guía espiritual principal, a menudo está con ella, algunas veces hasta aconsejando al artista dibujante acerca de la forma en que algo debería aparecer.

Una gran parte de la apariencia de los Registros Akáshicos depende de cómo desea verlos y del tipo de persona que es. Las personas muy visuales, probablemente vean los hechos interpretados como en el cine; la gente mayor se sentirá más identificada con la idea de una obra teatral. Y la gente más joven se encontrará en un cuarto de alta tecnología, con posibilidades de utilizar multimedios.

La ética astral
y los Registros Akáshicos

Los Registros Akáshicos son probablemente la mayor fuente de sabiduría espiritual que usted encontrará en la vida, de manera que, seguramente, no deseará correr el riesgo de perder el privilegio de consultarlos. Recuerde que las energías semejantes atraen otras energías semejantes en el plano astral, y cualquier intención fraudulenta rápidamente repercutirá en usted. Si se le muestran los registros espirituales de otra persona, porque la vida de esa persona tiene que ver con la suya, las imágenes vendrán a usted en la medida en que las necesite. No será necesario espiar.

Se me ha informado de algunas historias de gente que ignoró estas advertencias, y luego tuvo que lamentarlo. Una persona que confesó haber buscado registros para determinar si su novia estaba viendo a otro hombre, se encontró repentinamente rodeado de un escuadrón de terroristas que él supuso eran seres astrales inferiores. Intentaron evitar que regresara a su cuerpo, y sólo la intervención de su guía pudo hacer que el escuadrón se retirara. El guía le mostró entonces la forma correcta para saber acerca de este problema, sin interferir en los registros que no le correspondían. Se le hizo comprender que su problema era una falta de confianza en sí mismo, no en ella ni en la relación.

Otra persona relató una experiencia de cómo se le permitió ver los registros de otros durante varios meses, diciéndose todo el tiempo que simplemente estaba tratando de conocer mejor a su familia y amigos. Cuando finalmente regresó a su meta original de autoconocimiento, fue recompensada con "películas de horror" de guerras, hambrunas y otras atrocidades, que pueden haber tenido que ver o no con su propio pasado. Transcurrió mucho tiempo hasta que pudo volver a ingresar en el mundo astral nuevamente con comodidad, y mucho más aún, antes de permitirse a sí misma volver a ver sus propios Registros Akáshicos.

Hay quienes tienen excelentes mecanismos de defensa personal en el lugar apropiado y estos incluyen barreras en contra de los intrusos astrales. Puede llegar a encontrarse con perros de guardia astrales, si trata de irrumpir en sus registros espirituales.

La mejor forma de juzgar las cualidades éticas de cualquier acción en el plano astral es preguntarse: "¿Cómo me sentiría si alguien me estuviera haciendo esto a mí?". Sea honesto al contestar esta pregunta.

Encontrar sus Registros Akáshicos

No importa cuánto intente dejar su mente en blanco, se va a encontrar con que tiene muchas ideas preconcebidas acerca del aspecto del lugar donde están guardados sus Registros Akáshicos, como así también con qué método o métodos va a verlos. No hay nada malo en esto, en realidad, es una herramienta útil para transportarlo allí la primera vez. Después de eso, no se sorprenda si el lugar y los métodos cambian o varían demasiado.

En cuanto se acostumbre a las proyecciones astrales, será capaz de llegar a sus registros en cualquier momento, durante la proyección. Si de repente siente la necesidad de darles una mirada, le será fácil moverse a voluntad a través del mundo astral. Como principiante, puede encontrar que es más fácil proyectarse astralmente sólo con esta intención, y condicionar su mente respecto de esta meta. Para hacerlo, a medida que inicia su proceso de proyección astral, tenga en mente el objetivo final de ver sus Registros Akáshicos. Puede hacerlo con visualización o cánticos, o con ambos, si le son de ayuda. Esto colabora con el condicionamiento de todos los niveles de su mente para la tarea y le permite concentrarse. Una vez que se haya proyectado, vuele hacia sus registros o ponga la voluntad en estar cerca de los mismos. Si no viene hacia usted inmediatamente una imagen, permita que su idea preconcebida forme la imagen por usted y trabaje con eso hasta que aparezca otra imagen.

En este punto del proceso, puede aparecer su guía, o quizás usted quiera llamarlo o llamarla, para que lo ayude. Para muchos de nosotros, ver nuestros Registros Akáshicos por primera vez es una experiencia muy emocionante. La primera vez que vi los míos, pregunté acerca de un tema muy intenso de mi vida pasada, con el cual venía luchando desde hacía varios meses. Las respuestas del rompecabezas se me presentaron como en la pantalla de un cine. Inmediatamente reconocí mi yo anterior, pero mi consciente permaneció con mi yo astral. Mi cuerpo astral estaba emocionalmente involucrado en la experiencia, pero podía quedarse con el control de las emociones. Al mismo tiempo, pude sentir que las lágrimas corrían por la cara de mi yo físico y me daba la extraña sensación de estar en forma simultánea en dos lugares completamente diferentes, mientras me sentía consciente de ambos. Tuve una sobrecarga emocional en ambos mundos. Mi guía fue de gran ayuda en cuanto a seleccionar los temas importantes para que pudiese tomar lo que era más útil de mi experiencia, al mismo tiempo que dejaba libre todo el resto.

La primera vez que usted ve sus registros, es mejor saber con exactitud cuál es la información que está buscando y no sobrecargar los sentidos. En ese primer viaje, yo quería saber todo sobre mí. Y sucedió que, en vez de fijar las preguntas en la mente, las imágenes comenzaron a esfumarse en cuanto volvía al mundo físico. Fue difícil esclarecer qué era eso, aunque trataba de volcarlo inmediatamente en mi registro. Hay tiempo de sobra para explorar todo lo que se desea, sin necesidad de apurarse. Tómese el tiempo necesario para entender completamente un aspecto de usted, antes de abordar otro.

A medida que ve los libros, la pantalla, la biblioteca u otro medio por el cual usted tendrá acceso a sus registros, trate de formar en su mente un solo tema o pregunta que desee explorar. Para los principiantes, la mejor práctica es decir generalmente: "Por favor, muéstreme lo que será de mayor utilidad para poder saber ahora". Esto permite que los registros o su guía se asiente en lo que es más importante para usted en ese momento, en tanto evita que encare ciertos temas para cuya confrontación podría no estar espiritualmente preparado. Las sugerencias de temas que podrían examinarse al comienzo incluyen:

1. El propósito de su actual encarnación.
2. Cualquier asunto del pasado que haya sido incapaz de resolver por otros medios.
3. El estado de su progreso espiritual.
4. La salida para un problema de relación personal.

A muchos que ven sus registros regularmente, les gusta crear algún tipo de "residencia astral" donde pueden estar cómodos mientras realizan esto. En las tradiciones ocultistas se han hecho comunes los templos astrales y los jardines astrales. Recuerde que las formas de los pensamientos viven para siempre en el plano astral. La repetitiva construcción de las imágenes de su casa astral, la hará cada vez más real y más fácil de alcanzar y trabajar en ella cuando usted se traslade allí.

Si quiere construir su residencia astral, simplemente relájese y comience a imaginar cómo sería el lugar ideal. Levante una casa, un cuarto y distribuya los muebles; luego salga y componga un paisaje. La próxima vez que usted se proyecte, trasládese mentalmente a un lugar libre en los planos astrales superiores (o pídale a su guía que lo conduzca a uno en especial), después proyecte mentalmente estas imágenes hacia fuera y dedique el tiempo que necesite para hacerlas reales. No se sorprenda si hay ciertos detalles que se agregan solos. De la misma manera que no puede controlar cada uno de los aspectos del terreno que compra en el plano físico, también tendrá irregularidades en el plano astral, y estas son imágenes que le serán de utilidad en el futuro. Sólo que en lugar de yuyos indeseables en el jardín, puede encontrar otros objetos que van y vienen, que son colocados allí por su subconsciente o su guía. Por ejemplo, ese candelabro que repentinamente aparece sobre el escritorio puede estar allí para iluminar su camino de regreso durante un apagón[1] astral.

Sea creativo al diseñar y decorar su nuevo hogar, pero asegúrese de incluir en la residencia un sistema para ver los Registros Akáshicos. Esto puede consistir en un servicio de entrega hacia y desde la biblioteca astral o en una pantalla de cine hogareña o en un sistema de sonido que interprete su pasado a voluntad. Cualquiera que sea el medio, siempre estará allí para que usted vea y estudie.

---

[1] Este es un punto en el cual la luz del mundo astral parece disiparse y deja al viajero en la oscuridad.

Capítulo 12

Sanación a Distancia

La sanación a distancia es el arte de realizar sanaciones metafísicas desde un lugar lejano al de la persona que solicita su ayuda. Puede lograrse tanto desde el mundo físico como desde el mundo astral. La diferencia entre las dos técnicas es que, cuando la sanación es desde el plano físico, se lleva a cabo un ritual cuyo propósito es enviar la energía sanadora a la persona que lo ha solicitado, pero cuando la sanación es desde el plano astral, el sanador realmente se proyecta al lugar físico donde está la persona necesitada.

La sanación y la ética espiritual

Es difícil entender por qué sanar a alguien sin su permiso está mal, ya que el resultado deseado es positivo. Pero debe recordar que, aunque *usted* ve la cura de la dolencia como una solución deseable, esto puede no ser compartido por un enfermo renuente. La mayoría de los recién llegados a las prácticas ocultistas tienen problemas con el concepto de libre albedrío.

En casi todos los sistemas espirituales, hay un mandato que nos obliga a tener el permiso del sujeto antes de realizar cualquier sanación. Hacer lo contrario es una violación del libre albedrío. En muchos sistemas, tal infracción se dice que repercute sobre aquel que transgrede, sin importar lo buena que sea la intención original.

Aun cuando usted actúa fuera de los límites de cualquier sistema espiritual específico, una simple ética astral le deberá aconsejar acerca de lo que está bien y lo que está mal. ¿Cómo se sentiría si alguien decidiera qué se debería o no debería hacer para su propio bien, haciendo caso omiso de si a usted le agrada o no? Trate las elecciones de los demás con el mismo respeto que desea para usted mismo, y no va a equivocarse.

La sanación funciona mejor cuando las energías del enfermo están comprometidas en el esfuerzo, junto con usted. Este es un motivo más por el cual el consentimiento del otro es importante. Si el tema es que el sujeto está luchando junto a usted en todo momento, aunque esa persona haya decidido pelear la batalla o no, usted seguramente no estará perdiendo su tiempo.

¿Un arte avanzado o un talento innato?

He escuchado el argumento de que la sanación a distancia es un arte astral. Otros sostienen que es bastante simple, especialmente cuando se lo compara con otras prácticas astrales. Dicen que algunos sanadores nacen con un don y que este no puede ser aprendido de ninguna forma, si bien las personas más aplicadas pueden aprender lo básico. Probablemente todo se reduce a saber si usted tiene o no tiene un talento innato como sanador. La sanación nunca ha sido una de mis mayores habilidades. Y el esfuerzo extra que exige de mí para hacerlo exitosamente, me lleva a clasificarlo como una práctica más avanzada. Aquellos que son talentosos sanadores innatos, quizás encuentren que sanar es bastante fácil, una vez que se adquiere el arte de la proyección astral.

Otro argumento acerca de que es una práctica más avanzada —o al menos intermedia— se basa en el hecho de que la sanación generalmente implica que, en algún momento, usted absorbe parcial o totalmente la enfermedad hacia su propio cuerpo. Esto generalmente se libera y se hace tierra, por supuesto, pero muchos practicantes de sanación a distancia, desde su gran experiencia, sienten que esta rápida absorción de la enfermedad no puede ser adecuadamente manejada por un principiante, ya que él también caerá enfermo.

Aquellos que no son sanadores dotados pero que han buscado los recursos para enseñarse a sí mismos a ser eficientes en el arte, algunas veces descubren que no pueden encontrar su camino astralmente para todos los que lo necesitan. Esto confirma nuestro entendimiento básico de la proyección astral como un ejercicio para manipular el cuerpo emocional. Si no existe un fuerte nexo emocional con la meta astral, entonces será difícil tener éxito. Cuando la persona que necesita su ayuda es alguien que usted conoce y quiere, y que confía en su auxilio, el proceso siempre será más fácil.

Sólo usted puede medir todas estas consideraciones con respecto a lo que sabe de sus habilidades y afinidades, y sólo usted puede decidir intentar o no la sanación mediante la proyección astral. Naturalmente, mejorará con la práctica, igual como lo hicieron los verdaderos maestros en este arte. Alguna vez, ellos fueron principiantes, igual que usted.

Los mecanismos de la sanación a distancia

Aquí vamos a cubrir solamente el método del plano astral para la sanación a distancia, el cual exige que el sanador se proyecte astralmente hacia la ubicación física del enfermo, ya que la proyección astral es nuestra meta. Debe estar consciente de que si ha escatimado el trabajo de los ejercicios de limpieza y equilibrio de los chakras (capítulo 2), tendrá problemas con la sanación a distancia. En gran parte, este método se basa en la limpieza y equilibrio de los centros de los chakras de otras personas. De modo que si ahora no se siente a la altura de las exigencias, regrese al capítulo y revea los pasos.

Mientras se halla en su conciencia astral, usted está más capacitado para ver las cosas que habitualmente están ocultas para los ojos físicos. Muchos nuevos viajeros astrales se sorprenden al entender que esa enfermedad puede en realidad ser vista en el campo áurico o cuerpo astral que rodea el yo físico de la persona.

A medida que se acerca al tema, permita que su conciencia interna esté abierta a las impresiones. Lo primero que seguramente advertirá son manchas oscuras en el aura. Permita que sus ojos vaguen por el cuerpo, en busca de patrones para estas manchas oscuras. Puede notar que estas se amontonan en el lugar de la enfermedad (por ejemplo, sobre el pulmón, por una enfermedad pulmonar, o sobre el estómago, para un desorden estomacal) o cerca de uno o dos chakras específicos asociados con esa área. Algunas veces observará que las manchas están en ambos lugares. Mentalmente, tome nota de estas manchas, para darles una atención extra más tarde, en el proceso de sanación.

Luego, deslice las manos por el aura de la persona a sanar. Manténgalas siempre a no más de cinco centímetros de distancia del yo físico. Trate de percibir las irregularidades en el campo magnético; lugares donde este se siente excepcionalmente fino o grueso, o donde percibe un campo magnético que se retrae. Estas manchas pueden indicar más enfermedad en el cuerpo.

Haga una nueva pasada sobre el cuerpo, con sus manos astrales. Sólo ahora visualice una energía equilibradora saliendo de ellas, que restaurará el aura en su estado equilibrado y reparará todas las rasgaduras, puntos débiles, o sobrevoltajes en el campo. Puede visualizar esta energía como si fuera extraída para usted desde algún lugar positivo del plano astral o desde el mundo divino que está arriba. No utilice o consuma en este procedimiento, su propia energía. La energía equilibradora debe serle dada a usted primero y luego distribuida.

Cuando esté satisfecho, una vez que realice esto, ponga su atención en los chakras —desde la raíz hasta la coronilla— y proyecte una energía equilibrante hacia ellos. Usted puede permitir que esto fluya hacia usted y luego salga de sus manos astrales o puede desear mentalmente estar allí. Generalmente, veo esta energía proyectándose como un faro de luz desde mi frente. Haga que cada chakra se limpie y sea vívido en color (lea *Las asociaciones de colores para los chakras*), y vea a cada uno de ellos, pulsando con un flujo de energía ininterrumpido. A medida que va llegando a los chakras que tienen manchas oscuras, extraiga las manchas con sus manos astrales para "hacerlas tierra" más tarde o ponga su voluntad en ellas a fin de que se disipen bajo el calor de la energía sanadora que usted proyecta en el chakra.

Curar con colores

El arte de sanar con color es un estudio en sí mismo, y si desea lograr la sanación a distancia encontrará que el esfuerzo vale la pena. La mayor parte de lo que necesite lo encontrará en un libro delgado y barato, de Ted Andrews, llamado *How to Heal with Color* (*Cómo sanar con el color*), Llewelyn, 1992. También puede fijarse en un libro de Evelyn M. Monahan: *The Miracle of Metaphysical Haling* (*El milagro de la sanación metafísica*), Reward Books, 1977.

Para transmitir astralmente la energía del color, el método más fácil y seguro consiste en extraer energía hacia usted, desde el mundo astral que está a su alrededor, y luego en proyectarlo en el paciente, mediante el tacto. Recuerde que cuando se utiliza la energía de los colores, es mejor ser cauto. No exagere. Conviene proyectar un poco de energía cada día y no sobrecargar a alguien, en una sola vez.

Por lo general, el marrón y el verde son considerados como sanadores de casi cualquier cosa. El rojo y el naranja dan energía, pero también pueden elevar la presión arterial. El blanco, plateado o dorado son neutrales en cuanto a la energía sanadora que poseen y son lo mejor que se puede usar, si no tiene la certeza acerca del color necesario. A continuación se presenta una lista de colores sugeridos para sanar, que sólo deberán usarse como guía, no como una receta grabada en piedra.

Características sanadoras del color

Color	Características
Rojo	Estimula todos los sistemas; aumenta la presión arterial y levanta la presión sanguínea; es útil para ayudar en pérdida de peso y enfermedades de la sangre; bueno para tratar la hipotermia, debido a su tendencia a elevar la temperatura; nunca deberá usarse en caso de fiebre; ayuda a deshacer tumores.
Naranja	Estimula el sistema nervioso central; ayuda en las enfermedades del tubo digestivo y sistema respiratorio.
Amarillo	Purifica la sangre; tiene efecto positivo sobre la visión mental; mejora el estómago descompuesto.
Verde	Causa el crecimiento y regeneración (de manera que nunca deberá usarse cuando existe la sospecha de un tumor); bueno para problemas cardíacos; es un color sanador neutral que no sobreestimula ni genera calor del cuerpo; bueno para sanar plantas enfermas; calma y tranquiliza.

Color	Características
Azul	Tranquiliza el sistema nervioso; reduce la presión sanguínea; induce a un sueño tranquilo; bueno para enfermedades infantiles: dolor de garganta, dolor de muelas, tonsilitis e infecciones en la garganta; colabora con los antisépticos, ayuda a reducir la fiebre.
Púrpura	Bueno para aliviar enfermedades serias; desórdenes de ojos y oídos; ayuda a soldar huesos rotos; colabora para equilibrar el cuerpo emocional y cicatrizar heridas de operaciones.
Marrón	Buena elección para sanar todas las enfermedades en los animales; es un color neutral que puede usarse cuando no se está seguro del mejor color para solucionar el problema; facilita la toma de resolución de quien no está seguro respecto de cuál es el tratamiento médico conveniente.

Muchos sanadores a distancia recomiendan concluir cada sesión, rodeando al paciente con un huevo protector de luz blanca. Dicen que esto refuerza el proceso de sanación, restaura el equilibrio de cualquier sistema que no haya podido sanar, y ayuda a proteger al paciente, de nuevos gérmenes o virus que pueden estar esperando para invadir el sistema debilitado.

Antes de terminar la sesión sanadora y prepararse para regresar, mire alrededor del área donde descansa la persona. Puede llegar a ver algunas formas vagas de otros seres, en la vecindad. Algunos podrían ser presencias queridas, pero otros serán claramente malvados; tanto la manifestación espiritual de la enfermedad como la presencia de una entidad negativa que se ha adherido a la persona, evitan el proceso de sanación.

Siéntase libre de echar a esos seres, por la fuerza si fuera necesario. A menudo da resultado pedirles que se retiren, o enviarles una explosión de luz positiva de su yo astral. Si los seres no le responden, invoque a su guía mentalmente o al guía de la persona a la que quiere sanar, para que lo ayuden.

Cuando todos los seres malévolos se hayan retirado, y el aura y los chakras del enfermo se hayan equilibrado, selle sus esfuerzos de sanación con un huevo protector de luz dorada y blanca. Puede transferir esa luz a la persona, mediante alguna de las maneras ya explicadas. Este acto no sólo ofrece una energía final equilibrada para el esfuerzo, sino que actúa también como una barrera psíquica temporaria contra los seres dañinos, de manera que se refuerce el sistema inmunológico.

Cuando haya completado este proceso, regrese a su cuerpo, despierte como es habitual, y luego descargue en tierra cualquier exceso de energía que pueda haber recogido. Puede usar el mismo método que utilizó para hacer tierra su Cuerpo de Luz. En este caso, esto es excepcionalmente importante, ya que el exceso puede contener vestigios de la enfermedad. Usted deseará deshacerse de eso lo antes posible.

Como otras formas famosas de sanación, la sanación a distancia no es algo que cura todas las enfermedades de una sola vez. Quizás necesite repetir sus esfuerzos en ocasiones sucesivas, hasta que esté satisfecho de haber hecho todo lo posible.

Usar todos los recursos

Lo mejor que usted puede hacer para cualquiera que se acerque a pedirle sanación, no es sólo ofrecer la sanación a distancia sino también decirle que vea a un médico, para que también realice un tratamiento convencional. La sanación metafísica funciona mejor en conjunción con la ciencia médica, y evita que usted sea acusado de practicar ilegalmente la medicina. También esto produce una compatibilidad con las leyes ocultas, que nos dicen que debemos respaldar nuestros esfuerzos astrales en el mundo físico, para poder tener éxito.

La cantidad de doctores que están abiertos a aceptar la medicina holística, incluyendo distintos tratamientos metafísicos, apoyo nutricional, suplementos de hierbas y la visualización, es aún reducida, pero va acrecentándose. Con un pequeño esfuerzo, es posible encontrar a un médico que sea capaz de tratar a la persona en su totalidad. Esto beneficiará también sus esfuerzos de sanación a distancia.

Conservar registros "médicos"

Ya que las personas responden a distintas técnicas, es esencial que conserve registros de todo lo que realiza en cada sesión de sanación a distancia. Esto lo ayudará a lograr el entendimiento necesario de sus propias fortalezas y debilidades, y la persona para la que se le ha pedido ayuda tiene derecho a saber qué se le ha hecho en su nombre.

Algunas veces, si está sanando a una persona diestra en la proyección astral, esta será capaz de ayudarlo cuando usted se encuentre en la forma astral. Esto siempre ayuda a poner la energía precisamente en el lugar adecuado. Es agradable que la persona a la que usted está ayudando recuerde la sesión.

Que nunca se lo acuse de practicar la medicina ilegalmente. Para ello, es inteligente documentar lo que usted hace y lo que no, y dejar aclarado que todo esto se efectúa mediante la sanación a distancia; usted nunca recetó ningún tratamiento concreto o tocó físicamente a otra persona en forma alguna. Recuerde destacar que usted le ha pedido a la persona a la que ayuda que busque respaldo médico calificado, además de su propio trabajo y para apoyo del mismo. Finalmente, como medida de precaución en una sociedad que se complace en mantener litigios, puede desear que la persona a la que ayuda, suscriba un contrato formal y establezca en él que la persona comprende que lo que usted está haciendo debe ser apoyado por la medicina ortodoxa.

Capítulo 13

Visualización Creativa

La visualización creativa es la práctica de mirar mentalmente el resultado deseado, para infundirle la energía personal y luego soltarlo en el cosmos, a fin de que pueda crecer y manifestarse en el plano físico. Aunque todo esto suena excesivamente complejo, se reduce a que se crea una forma de pensamiento en el plano astral que, con el esfuerzo adecuado, puede ser traída al mundo físico.

La ventaja de iniciar una visualización dentro del mundo astral es evidente por sí misma. Después de todo, es donde la visualización debe configurarse. Tiene sentido crearla en su propio terreno. La visualización también le permite salir del "mundo de la razón" del proceso, y observar cómo su deseo más profundo, literalmente se presenta delante de sus ojos. En el mundo astral, usted puede permitirse ser parte de la visualización y la estrella de la "película" que visualiza. Esta forma de participación alimenta con energía la escena que la vincula íntimamente con usted, y hace que la visualización se manifieste con mayor facilidad.

Los términos *visualización creativa* y *magia positiva* a veces son usados indistintamente, de acuerdo con la orientación espiritual del que visualiza. En ambos casos, la meta es tomar una necesidad deseada y hacerla vivir. Ambas expresiones se refieren a mucho más que sólo pensar acerca de algo. Implican un proceso que busca lograr ese "algo", mediante esfuerzos tanto en el mundo visible como en el no visible.

La visualización creativa es fácil, aunque he encontrado a muchas personas que me dijeron no poder hacerla. Su insistencia en que se trata de una habilidad que las supera, posiblemente se debe a concepciones equivocadas respecto del proceso. Demasiadas personas lo hacen más difícil de lo que lo es. La visualización es una visión mental. Uno visualiza cada vez que tiene una ensoñación, cuando trabaja con un proyecto en su cabeza, crea un nuevo plan para decorar la casa, dibuja y pinta o planifica sus vacaciones. Cuantas veces usted piense en algo y vea que está sucediendo, lo está visualizando. Lo que lo transforma en visualización creativa es el nivel en el que usted controla el proceso y la energía que invierte en hacer realidad sus pensamientos.

La gente que piensa que no puede visualizar, generalmente trata de crear imágenes mentales más complejas de lo necesario. Las visualizaciones que usted crea no tienen que parecer salidas de la cámara de un fotógrafo o de un cineasta profesional. Pueden ser congeladas, animadas o una combinación de ambas y no necesitan ser tridimensionales. Pueden verse como esbozos, viñetas, o incluso no verse. Algunas personas que no están visualmente orientadas, "escuchan" las visualizaciones al mismo tiempo que sienten el impacto emocional. Es el aspecto emocional que usted anexa a la visualización, lo que le da poder.

Energizar los deseos

Antes de proyectarse astralmente con el propósito de la visualización creativa, tómese el tiempo que necesite para evaluar el deseo. La sabiduría ocultista nos enseña que su deseo tiene la mayor posibilidad de manifestarse, si también es algo que necesita realmente. Es decir, tendrá problemas en manifestar un millón de dólares simplemente por desearlo, aunque conseguir el efectivo suficiente para pagar el alquiler del próximo mes está dentro de los alcances creativos.

Deberá planificar también cómo respaldar los esfuerzos astrales en el plano físico. Este es otro dato de sabiduría que, aquellos que están en contacto con lo oculto siempre han sabido: sus esfuerzos astrales funcionan mejor si son avalados por acción en el mundo físico. Por ejemplo, si está visualizando una sanación, no es suficiente con imaginar. Necesita ir al médico y cuidarse, participar en el proceso en cada uno de los niveles de su ser.

Esta idea resalta la creencia ocultista del microcosmos como reflejo del macrocosmos, o la totalidad. Lo que afecta a uno de ellos, en algún momento afecta al otro, de manera que para que ambos funcionen para usted, usted deberá hacer esfuerzos en ambos.

Piense por adelantado acerca de cómo desea visualizar exactamente el resultado. Esto es importante, cualquiera que sea el plano de la existencia donde está concentrando sus esfuerzos. Usted quiere asegurarse que su resultado final sea:

1. Lo que realmente necesita y quiere
2. No perjudicial para los demás
3. No un instrumento que se le haya quitado a los otros para que usted pueda recibir
4. Revelador de una meta a la que usted se halla emocionalmente vinculado, a punto tal que lo mantendrá activo hasta que lo logre
5. Revelador de la meta por la que desea los esfuerzos del mundo astral y físico para lograrla

Algunas veces, utilizar un instrumento adivinatorio como el tarot o las runas, o dedicarle algún tiempo a la meditación, puede ayudarlo a traer alguno o todos estos aspectos bajo la mira. Pida a su instrumento adivinatorio elegido que le dé un panorama general de su deseo. Tome notas y luego pídale que le muestre el probable desenlace. Nuevamente tome notas y dedique al menos veinticuatro horas a pensar en las elecciones. Hágale a las metas las reformas que desee, luego intente nuevamente el proceso adivinatorio.

Si no cuenta con un instrumento adivinatorio en el cual confiar, o prefiere no usarlo en esta oportunidad, intente dedicar tiempo para hacer meditación general, centrándose en su meta y en todas las derivaciones (vuelva al capítulo 1, si fuera necesario). Realice esto durante varias noches consecutivas, y asegúrese de tomar nota de las impresiones que vienen a usted, durante la meditación y en sueños.

El sendero de la menor resistencia

Si repetidamente tiene problemas para hacer que la visualización creativa funcione para usted, quizás está creando demasiados detalles mentales. Un aspecto del proceso acerca del cual se alerta a los principiantes es la secuencia o punto en el tiempo que usted elige para la meditación. Esta no es otra advertencia para hacer que sus visualizaciones sean en el tiempo presente —que a esta altura ya deberá hacer automáticamente—, tan sólo significa que debe tener la certeza de que se visualiza a usted mismo *disfrutando* activamente lo que desea, y no tratar de visualizar cómo resultará para usted.

La visualización creativa sigue las leyes de cualquier otro tipo de energía. La energía siempre está en movimiento, y siempre toma el camino de menor resistencia. La visualización que espera manifestar debe aparecerse de la manera que sea más fácil para usted, sin dañar a nadie. En las visualizaciones, es mejor que se vea a usted mismo disfrutando de los beneficios de lo que desea, como si esto ya fuera parte de su vida. No trate de prescribir cómo será. De esta manera, usted estaría pidiendo una secuencia de sucesos que podrían herir o quitarle algo a otra persona, o que no reflejarían la forma más sencilla para que se manifieste su deseo, o ambos.

Las consecuencias de dañar a otros para obtener beneficios propios son obviamente malas, pero debe recordar también que, cuando arroja una piedra en el sendero de la menor resistencia, está retrasando el logro de su meta o poniéndola fuera del alcance.

El tiempo que usted dedica a planificar cualquier operación ocultista está considerada por los ocultistas experimentados, como la marca del comienzo de sus esfuerzos. El comienzo *no* es el punto en el cual usted pone finalmente el plan en acción, de modo que no se sienta como si estuviera perdiendo el tiempo en esta etapa de planificación. El mismo acto de pensar ya es mágico, por naturaleza. Hace que el cambio se produzca. Todas las cosas que se han manifestado en el mundo físico, en algún momento no fueron más que una idea en la mente de alguien; una forma de pensamiento a la cual se le infundió energía, respaldada en el mundo físico, y luego dada a luz en su existencia.

Deberá estar consciente de que, como las cosas cambian en los mundos astral y físico, tendrá que adaptar las visualizaciones de acuerdo con ello. No podrá planificar cada una de las contingencias. El tiempo que invierta en la etapa de planificación abrirá su psique creativa. Como resultado, muchos problemas potenciales serán evitados antes de que tengan la oportunidad de aparecer.

Cuando tenga un plan para su visualización creativa, y un plan para darle apoyo en el plano físico, es hora de comenzar su visualización creativa en el plano astral. Para hacerlo, primero debe ingresar en el plano astral por cualquier método que le resulte más fácil. Para este esfuerzo, puede llegar a descubrir que usar una meditación guiada, vinculada con su meta, funciona bien, pero cualquier otro método que funcione para usted es igualmente bueno.

El proceso astral de visualización creativa

Una vez que se encuentre flotando libremente en el plano astral, permítase ser transportado a un sitio donde no hay nada. Puede aparecer para usted de maneras diferentes: como un área de espesa niebla o como una oscuridad eterna, o hasta un recinto panorámico en blanco, donde podrá proyectar sus imágenes mentales.

A menos que se sienta incómodo con lo que aparece, piense que ha llegado al mejor lugar para el trabajo de la visualización creativa. Si el sitio donde se encuentra no le agrada, siga viajando hasta encontrar algún otro que sea de su preferencia o pídale a su guía que lo conduzca a uno adecuado. Aquí comenzará a pintar la tela de su imaginación.

Utilizando los planes que hizo antes como anteproyecto, empiece a construir su visión interna, y haga cambios si es necesario o donde sea conveniente. Puede realizar esto, visualizándose a sí mismo desde una posición lejana y disfrutando de su deseo, o puede irrumpir en la escena que está construyendo y experimentarla desde el punto de vista de la primera persona. Recomiendo esta última, ya que le dará un mayor compromiso emocional con la visualización. Esto no sólo refuerza el esfuerzo sino que le comunica si hay algo que no está bien, acerca de la escena, en cuyo caso usted querrá salir de la escena y repensar la meta.

Cuando haya construido la escena tan claramente como pueda —mediante cualquier método que funcione bien con usted—, congele la escena (palabras, emoción, etc.) y energícela mediante uno de estos métodos:

1. Extraiga energía para su yo astral, tomándola del mundo astral que lo rodea. Luego, proyéctela hacia la imagen que ha creado, mediante el uso de más imágenes mentales. Vea la imagen vibrar con una nueva intensidad a medida que la alimenta con el poder a través del cual se puede manifestar.
2. Transforme mentalmente la imagen en una pared de 360° a su alrededor. Una vez que se encuentre en el medio, permita que su ser astral se funda con la imagen, haciendo de ustedes dos un solo ser. Conserve esta imagen durante varios minutos y siéntase totalmente parte de su deseo, antes de consentir en que la imagen se separe de usted nuevamente.
3. Proyecte mentalmente energía con el color que corresponda a su deseo, y permítale que forme un huevo alrededor de la imagen creada. Permita que el huevo comience a fundirse con la imagen, de modo que se impregne la escena completa. Después de haber imbuido la imagen con la imagen de la energía del color, facilítele que vuelva a la normalidad. A continuación se encuentra un listado de las correspondencias de colores.

Color	Temas correspondientes
Rojo	Pasión - enojo - acción - sexo
Naranja	Amistad - atracción - acción con pensamiento - empleo
Amarillo	Cuestiones intelectuales - escuela - enseñanza - estudio

Color	Temas correspondientes
Verde	Cuestiones del medio - dinero - crecimiento - adquisiciones materiales - cuestiones del mundo de las hadas - fertilidad
Azul	Salud - paz - sueño - tranquilidad - crecimiento espiritual - clarividencia - contacto con los espíritus
Violeta	Sanación - serios problemas de salud - conexión con el yo superior - asuntos de ocultismo y destrezas
Marrón	Hogar - tierra - animales - ganado - niños
Rosa	Paz hogareña - amor romántico
Plateado	Cuestiones espirituales - conexión con la diosa u otras deidades lunares - cosas ocultas
Dorado	Inversión - acción espiritual - conexión con Dios u otras deidades solares - cosas aparentes pero no fácilmente entendibles

4. Proyecte mentalmente un cordón de energía etérica que fluya desde la región del ombligo hasta el corazón de la imagen. Dedique unos minutos a experimentar la sensación de intercambio de energía entre usted y la imagen de su deseo, de manera que usted sea parte de él y él parte de usted.

Después de haber energizado la visualización, envíela al universo para que trabaje en su manifestación mientras se mantiene ligada a usted a través de un nudo que usted crea. Los métodos para ligarse pueden ser:

1. Vea un hilo que va de la visualización hacia uno de los chakras.
2. Haga un dibujo de la visualización, después de despertar.
3. Fabrique un talismán (las instrucciones aparecen a continuación) que lo ayude a atraer su deseo.

Puede usar cualquier número de estos métodos al mismo tiempo (hasta todos ellos juntos) o bien elegir sólo uno. Haga lo que sienta que funciona mejor para usted. Cualquiera que le recuerde la meta más claramente durante su vida consciente, en distintos momentos de vigilia.

Fabricar y usar un talismán

Hacer un talismán para casi cualquier necesidad es simple, aunque puede ser muy complejo en algunos sistemas ocultistas. Un talismán es un objeto que generalmente hace el que lo va a usar. Está potenciado por la energía personal que se concentra en la meta de atraer un cierto ítem o condición.

Mis tipos favoritos de talismanes son pequeñas secciones de telas de colores (releer las correspondencias de color dadas anteriormente en este capítulo) en las cuales se colocan los ítem relacionados con la necesidad. Por ejemplo, si usted está haciendo una visualización creativa para poder ingresar en una universidad determinada, puede elegir una tela amarilla —para cuestiones de estudio— y ubicarla dentro de las fotos del campus universitario, una esquina sacada del catálogo del colegio, una piedra del terreno del campus, y/o algunas oraciones escritas referidas a la meta. Visualice su deseo a medida que lo haga, y energícelo de la misma forma que energizó su visualización en el mundo astral. Conserve el talismán con usted hasta lograr la meta, después de lo cual deberá enterrarlo o quemarlo, para liberar el flujo de energía que usted ha creado.

Visualización creativa:
Una vez no basta

Enfrentemos los hechos. Si la visualización creativa fuera fácil y rápida, todos la estaríamos haciendo todo el tiempo. Cada noche, 5.5 billones de nosotros estaríamos invadiendo el mundo astral con nuestros deseos y volveríamos unas horas más tarde, enriquecidos, famosos y hermosos. La visualización creativa es una herramienta poderosa para el éxito, como se lo puede decir cualquiera que la practica regularmente. Pero no es una bala mágica que usted dispara sobre un blanco y ve los resultados instantáneos. Funciona mejor cuando puede comprometerse a la meta en el largo plazo durante el cual usted repite su ejercicio de la visualización creativa como sea necesario.

Algunas personas repiten su visualización creativa astral todas las noches. Otros, algunos días, o hasta una vez por semana. El tiempo depende de usted, y el plan que se fije puede variar de acuerdo con sus planes personales, sus esfuerzos en el mundo físico y la naturaleza del deseo. Cuanta más energía pone en su meta, mejores posibilidades tendrá de manifestarse.

Cerrar el proceso de visualización creativa

Como expusimos antes, en relación con el Cuerpo de Luz (capítulo 5), somos responsables de cualquier imagen y de todas las imágenes que creamos para toda la duración de su existencia. La palabra *creativa*, en visualización creativa, separa esta operación de la simple ensoñación. Describe un acto de creación en el plano astral. Usted está realizando algo muy real; debe estar consciente de su creación mientras existe y debe estar preparado para desmantelarla cuando ya no tenga más necesidad de ella.

Para detener las energías de la visualización creativa cuando ya no son necesarias o deseadas, proyéctese astralmente al lugar donde haya construido la imagen. Separe su conexión con la imagen, usando un cuchillo para cortar cualquier flujo de energía que haya establecido entre este lugar y usted. Visualice mentalmente cómo se debilitan las puntas del hilo, a medida que se lo corta. Si la imagen creada todavía tiene vida, ciérrela. Congele la imagen y comience a desmontarla pieza por pieza. Saque las partes principales y vea cómo se hacen pedazos, pero no deposite en tierra estas energías. Simplemente véalas transformarse en patrones de energía neutra, sin programar, y permítales ser reabsorbidas en el mundo astral de modo que pueda recurrir a ellas más adelante, si lo desea.

Solución creativa de problemas en el plano astral

La visualización creativa en el plano astral es un método excelente para la solución creativa de problemas y para energizar el resultado que descubrió como el mejor para usted. Diríjase al lugar donde realiza las visualizaciones creativas y ahora visualice la escena de su problema. Anímela y permítale funcionar por sí misma desde el comienzo al fin, terminando con el compromiso activo de usted mismo. Usted desea estar "dentro" de la escena tanto como sea posible, para evaluar los sentimientos acerca del éxito o fracaso de la solución. Si se queda atrás, separado del suceso, puede llegar a elegir una solución correcta en la cual no se encuentre bien, cuando se pudo evitar si usted se hubiera consentido experimentar en vez de observar tan sólo.

Si la primera solución es insatisfactoria, permita que la imagen se disuelva y fluya hacia la tierra astral debajo de sus pies. Vuelva a crear la escena del problema y permítale que se resuelva mediante una nueva solución.

Siga intentando hasta encontrar la solución que funcione para su problema. Una vez satisfecho con el resultado, puede energizar la imagen como lo hizo con otras visualizaciones creativas o simplemente llevar con usted las respuestas al mundo físico, y ponerlas en acción allí.

Resumen de los capítulos

Como estos capítulos finales lo han demostrado —o quizás sugerido—, un universo sin límites espera a aquel que dé el primer paso hacia la conquista del mundo astral. Como hemos visto, los pasos hacia el éxito de la proyección astral son tres:

1. Preparación y entendimiento de la meta.
2. Experimentación con varios métodos de proyección y ayudas para descubrir cuáles son más cómodos y funcionales.
3. Persistencia.

Sólo usted puede ofrecer este último prerrequisito, el cual es tal vez el más importante de todos. Un día, cuando menos lo espera, descubrirá que su conciencia está fuera de usted, libre de las limitaciones de su yo físico y elevándose a través de este y otros mundos, a voluntad.

El universo ilimitado está dentro y fuera de usted. Espera su decisión para desafiar los límites de lo común, y explorar.

Glosario

Adivinación: El arte de predecir el futuro, basándose en los potenciales puestos en funcionamiento en el presente.

Alfa: Nivel de actividad cerebral (BAL) asociado con el estado meditativo o sueño liviano.

Aromaterapia: El arte de usar esencias para cambiar un estado de ánimo, una situación no deseada, o una preocupación de salud (véase capítulo 6).

Arquetipo: Lenguaje simbólico o imagen que universalmente impresiona, influye o dirige la psique humana, en formas determinadas.

Astral inferior: El área del plano astral donde residen las criaturas de menos vibración espiritual.

Astral superior: Partes del plano astral visitadas por los seres de alta vibración espiritual o donde, de hecho, habitan.

Aula astral: Uno de los tantos nombres de las oportunidades de aprendizaje espiritual que se realizan en el plano astral. Puede ser tanto una metáfora como un entorno real de clase.

BAL: Sigla de *Brain Activity Level* (Nivel de actividad cerebral). Se refiere al número de ondas cerebrales por segundo que la persona produce, y define el nivel de conciencia de la persona: beta, alfa, tetha o delta (véase capítulo 1).

Beta: BAL asociado con conciencia normal, de vigilia, alerta.

Bilocación: El arte de estar en dos lugares al mismo tiempo: el plano astral y el físico. Con total conciencia de ambos, de los sucesos y condiciones simultáneas.

Chakras: Las esferas concentradas de energía localizadas dentro del cuerpo humano. Hay siete chakras primarios y otros menores (véase capítulo 2).

Chamán: Es un término arcaico del Tungus, que significa "entre los

231

mundos". Era un sacerdote o sacerdotisa tribal que actuaba como intermediario entre la tribu y las deidades de otro mundo. Sanador, sacerdote y profeta, que empleaba estados alterados de conciencia para realizar tareas.

Control de sueños: Un estado de sueño en el cual el que sueña tiene definido conscientemente el tema y es consciente del sueño posterior, pero incapaz de dirigir la acción del sueño.

Cordón de plata: Conexión etérea entre el cuerpo físico y el cuerpo astral, en forma de hilo o cordón. Mucha gente cree que se enraíza en el cuerpo astral con su anfitrión físico.

Cuerpo astral: Vehículo en el cual la conciencia viaja a través del plano astral: puede tomar muchas formas.

Cuerpo de Luz: Vehículo para viajar en el plano astral, también llamado Homúnculos, Simulacrum, un Elemental o un Observador (véase capítulo 5).

Cuerpo emocional: Otro nombre para el cuerpo astral.

Delta: BAL asociado con un sueño profundo o el inconsciente.

Despegue: Un método difícil de proyección astral, en el cual el que proyecta intenta elevar el cuerpo astral del físico con sólo desearlo, mientras que mentalmente sigue cada uno de los pasos de la transición (véase capítulo 1).

Distorsión de tiempo: La ausencia de tiempo fuera del mundo físico; puede llevar a alguien a creer que ha pasado más o menos tiempo en el plano astral, de lo que fue estimado.

Doppelgänger: El doble astral de un ser vivo; también conocido como "fetch" (véase capítulo 3).

Elementos: Los cuatro materiales básicos que los antiguos creían que eran la estructura básica de todas las cosas: tierra, agua, fuego y aire. El quinto elemento es el espíritu que es parte de todas las cosas, pero que también está separado y actúa como un conductor entre los reinos físicos y no físicos.

Estado alterado de conciencia: Una condición deliberadamente inducida, en la cual se reducen los ciclos normales por segundo, de la actividad cerebral.

Estado meditativo: Un estado alterado de conciencia, inducido con la idea de que será usado para un pensamiento dirigido o propósitos espirituales (véase capítulo 1).

Formas de pensamiento: Imágenes de patrones de pensamiento concentrado que se manifiestan y viven en el plano astral.

Guías: También llamados "maestros", estos seres astrales operan a niveles altamente vibracionales y cuidan o asisten a un ser vivo durante el tiempo de sueño, la meditación o cuando está proyectado astralmente.

Guías espirituales: Seres espirituales altamente evolucionados, cuya tarea es ayudar a gente determinada, a través de la vida, y guiarla en su camino espiritual.

Hacer tierra: Proceso por el cual la energía excesiva se suelta inocuamente del cuerpo, después de una operación ocultista o mágica.

Herbalismo: Arte de usar la energía de las plantas, para sanar o cambiar situaciones indeseables.

Humano desencarnado: Un espíritu sin cuerpo, o el fantasma del alma de alguien que una vez habitó un cuerpo humano viviente.

Inconsciente colectivo: Un depósito etéreo de pensamientos del pasado y el futuro, que pueden ser interceptados durante la meditación o la proyección astral.

Índice de vibración: Frecuencia espiritual en la cual operan todos los seres corpóreos y astrales. El índice determina la capacidad de un ser para moverse en los reinos superiores del astral superior (véase capítulo 3).

Kármico: Relacionado con el karma; hábitos, patrones, negocios inconclusos, o lecciones espirituales sin aprender, transportadas de una vida a otra (como en la reencarnación) o desde una parte temprana de nuestras vidas a otra.

Kiva: La definición moderna se refiere a una cámara ritual subterránea. La definición Hopi original se puede referir a una vivienda o a un amplio salón que se reserva para propósitos religiosos.

Macrocosmos: El espectro total del universo. Los ocultistas creen que se refleja en cada individuo o en el microcosmos.

Magia: Un término confuso, con muchos niveles de significado. En su aspecto más básico, la magia es simplemente el arte de la transformación controlada, donde se incluye el arte del cambio personal. Muchos practicantes de magia creen que los deseos deben crearse en el plano astral, antes de poder manifestarse en el mundo físico (véase capítulo 13).

Magia astral: El arte de realizar conjuros mágicos, mientras se está en un estado de proyección astral.

Magia ceremonial: Un altamente codificado arte mágico basado en las enseñanzas místicas judeo-cristianas, conocidas como la Kabala, y en antiguas prácticas egipcias.

Magia natural: Sistema de magia basado en la creencia de que todas las cosas en la Naturaleza tienen energías a las cuales podemos convocar para asistir en las realidades cambiantes o en lograr los ítem o condiciones deseadas.

Mantra: Del sánscrito, significa originalmente "un himno de alabanza", un canto o frase personal usado para inducir un estado alterado de conciencia (véanse capítulos 1 y 2).

Mente subconsciente: La parte de la mente que almacena información no fácilmente accesible para la mente consciente. También es el área que gobierna las experiencias astrales.

Mente superconsciente: Como en el subconsciente, esta región almacena información que no es fácilmente recuperable para el consciente. Se refiere también a la mente superior, el yo superior o la mente profunda; conecta el cuerpo astral con otros mundos.

Misticismo: Una creencia de que los estudios y prácticas ocultistas pueden ofrecer el camino para el reino de lo divino, o como es llamado algunas veces, Dios.

OBE: Una sigla que significa "experiencia extracorpórea".

Oculto: Esta palabra ha sido vista como siniestra, por algunos. En verdad, sólo significa "escondido" y se utiliza para referirse a una variedad de prácticas y creencias que una vez se mantuvieron ocultas para proteger a aquellos que las practicaban. El término cubre una variedad de prácticas que caen fuera de la tendencia donde se incluye la proyección astral.

Pagano: Alguien que sigue la religión de la Tierra o la Naturaleza, generalmente basado en los conceptos judeo-cristianos y en las divinidades. Dícese también "neopagano".

Plano astral: Plano etéreo de existencia, que se conceptualiza como paralelo e interpenetrado con nuestro propio plano físico. Se caracteriza por fluidez de pensamiento, forma y emoción.

234

Progresión de vidas futuras: El arte de lograr impresiones o visiones de encarnaciones futuras.

Recuperación del alma: Un avanzado arte mágico practicado en muchas culturas chamánicas, en el cual el chamán viaja astralmente al mundo de los espíritus para ofrecer a un espíritu moribundo la oportunidad de regresar al mundo de los vivos, o para traer las partes de un alma que pudieron haberse escapado del cuerpo físico debido a un trauma o enfermedad.

Reencarnación: La creencia de que el alma regresa para habitar otro cuerpo terrenal después de la muerte de su actual encarnación física.

Registros Akáshicos: Catálogo etéreo, al cual se accede mediante proyecciones astrales, y que contiene un registro histórico detallado del alma de cada individuo.

Regresiones de vidas pasadas: El arte de ganar impresiones o visiones de encarnaciones previas.

Relajación progresiva: Un proceso meditativo, para relajar todo el cuerpo. Enseña a comenzar en un punto en particular (generalmente los dedos del pie o el pie) y relajarlos completamente antes de continuar ascendentemente sobre el resto del cuerpo.

REM: El sueño de *movimiento rápido de ojos* (Rapid Eye Movement) que caracteriza el estado de sueño (véase capítulo 10).

Ritual: Un conjunto de acciones, gestos y/o palabras prescriptas —a menudo de contenido espiritual— que se basan en el lenguaje simbólico, para dirigir la mente en direcciones determinadas y con una meta precisa en la mente. Los rituales pueden o no tener una base religiosa.

Sanación a distancia: Sanar a alguien a la distancia o mediante proyección astral (véase capítulo 12) .

Sanación por colores: Usar la energía que se encuentra en el espectro de colores, para transferir energía sanadora. Este arte puede practicarse tanto en el plano físico como en el astral.

Sexo astral: La unión de dos seres en el plano astral, que produce una sensación similar al orgasmo humano.

Sobresalto: Sensación desagradable de despertar rápidamente de la proyección; el yo astral se siente como si repentinamente hubiera chocado con el yo físico.

Sueño hipnogógico: El estado casi lúcido durante un sueño liviano, que se produce al quedarse dormido y despertar.

Sueño lúcido: Estado de sueño donde el que sueña está conscientemente alerta respecto del sueño y puede tomar el control de la acción de este (véase capítulo 10).

Sueños proféticos: Sueños que predicen el futuro.

Tattwa (símbolos): Conjunto de cinco símbolos geométricos que representan los elementos: tierra, agua, fuego, aire y espíritu. También funcionan como portales simbólicos hacia el plano astral (véase capítulo 9).

Theta: BAL asociado con la meditación profunda y un nivel medio de sueño.

Tierra de los difuntos: Regiones del plano astral donde residen los espíritus de los hombres y animales muertos.

Ungüento para volar: Una preparación mágica de hierbas y aceites cuyas energías se piensa que ayudan en las proyecciones astrales.

Védico: Relacionado con lo oculto y los misterios espirituales de la India y Asia meridional y central.

Visión omnisciente: El fenómeno de ver las cosas en el plano astral, desde puntos de vista simultáneos o ver el panorama completo de 360°.

Visualización: Visión mental; ver con los ojos internos o crear escenarios del mundo interior.

Visualización creativa: El proceso de uso de la visualización es una herramienta para cambiar la propia realidad o la manifestación de nuestras necesidades.

Yo superior: Un cuerpo etéreo de naturaleza mental y emocional, que conecta la mente humana con otras inteligencias u otros planos de existencia.

Bibliografía

Bibb, Benjamin O. and Joseph J. Weed. *Amazing Secrets of Psychic Healing*. Parker Publishing, West Nyack, NY., 1976.

Bellhayes, Iris. *Spirit Guides*. ACS Publications, California, 1991.

Blackmore, Susan. *Beyond the Body*. Academy Chicago Publishers, Chicago, 1991.

Brennan, J.H. *Astral Doorways*. Aquarian Press, Wellingborough, Northamptonshire, 1986.
Time Travel: A New Perspective. Llewellyn Worldwide, St. Paul, MN, 1997.

Cockrell, Robert. *The Study and Practice of Astral Projection*. University Press, New Hyde Park, NY, 1966.

Cooper, Jason D. *Esoteric Rune Magic*. Llewellyn Worldwide, St. Paul, MN, 1994.

Conway, D.J. *Astral Love*. Llewellyn Worldwide, St. Paul, MN, 1996.
Flying Without a Broom. Llewellyn Worldwide, St. Paul, MN, 1995.

Crandall, Joanne. *Self-Transformation Through Music*. The Theosophical Publishing House, Wheaton, IL, 1986.

Cunningham, Scott. *Cunningham's Encyclopedia of Crystal, Gem and Metal Magic*. Llewellyn Worldwide, St. Paul, MN, 1987.
Cunningham's Encyclopedia of Magical Herbs. Llewellyn Worldwide, St. Paul, MN, 1985.

Denning, Melita and Osborne Phillips. *The Llewellyn Practical Guide to Astral Projection*. Llewellyn Worldwide, St. Paul, MN, 1979.

Eliade, Mircea. *Shamanism: Archaic Techniques of Ecstasy*. The Princeton University Press, Princeton, NJ, 1964.

Galenorn, Yasmine. *Trancing the Witch's Wheel*. St. Paul, MN: Llewellyn Worldwide, 1997.

Greenhouse, Herbert B. *The Astral Journey*. Garden City, NY:

Doubleday, 1975.

Grout, Pam. *Jump Starl Your Metabolism with tbe Power of Breath*. Skill Path Publishing, Mission, KS, 1997.

Irwin, Harvey J. Flight of Mind. *A Psychological Study of the Out-Of-Body Experience*. Scarecrow Press, Metuchen, NJ, 1985.

Judith, Anodea. *Wheels of Life. A Users Guide to the Chakra System*. Llewellyn Worldwide, St. Paul, MN, 1987.

Knight, Gareth. *Occult Exercises and Practices*. Samuel Weiser, York Beach, ME, 1976.

LaBerge, Stephen, Ph.D. *Lucid Dreaming*. Ballantine Books, New York, 1986.

Macvey, John W. *Time Travel: A Guide To Journeys in the Fourth Dimension*. Scarborough House, Chelsea, MI, 1990.

McCoy, Edain. *Making Magick.. What It Is and How It Works*. Llewellyn Worldwide, St. Paul, MN, 1997.

Mella, Dorothee L. *Stone Power*. Warner Books, New York, 1988.

Miller, Richard Alan. *The Magical and Ritual Use of Herbs*. Destiny Books, New York, 1983.

Monroe, Robert. *Far Journeys*. Doubleday, Garden City, NY, 1985.
Journeys Out-Of-Body. Anchor Press, Garden City, NY, 1977.
The Ultimate Journey. Doubleday, New York, 1994.

Muldoon, Sylvan y Hereward Carrington. *The Projection of tbe Astral Body*. Samuel Weiser, New York, 1970 (originally published 1929).
La Proyección del Cuerpo Astral. Editorial Kier, Buenos Aires, 1955.

Ophiel. *The Art and Practice of Astral Projection*. Samuel Weiser, New York, 1961.

Perkins, John. *PsychoNavigation: Techniques for Travel Beyond Time*. Destiny Books, Rochester, VT, 1990.

Rogo, Scott. *Leaving tbe Body: A Complete Guide to Astral Projection*. Prentice- Hall, Englewood Cliffs, NJ, 1983.

Stack, Rick. *Out-Of-Body Experiences*. Contemporary Books, Chicago, 1988.

Steiger, Brad. *Astral Projection*. ParaRescarch, West Chester, PA, 1982.

Stevens, Jose, Ph.D. and Lena S. Stevens. *Secrets of Shamanism.- Tapping the Spirit Power Within You*. Avon, New York, 1988.

Taylor, Albert. *Soul Traveler*. Verity Press, Covina, CA, 1996.

Índice

Este libro se terminó de imprimir en
Impresiones Heredia s.r.l.
Heredia 2952, Avellaneda, Buenos Aires
Tel.: (011) 4205-7460
en el mes de Abril del 2001

Tirada de esta edición 3000 ejemplares